LE FLETCHER MNF'G. CO.

COMMENT PREPARER UNE VARIETE DES BONBONS

Traduit par Patrick KUNYIMA

CONTENUS

INTRODUCTION

En présentant cette sélection de recettes de choix pour Candy Makers, nous nous sommes efforcés d'éviter tout ce qui n'est pas pratique et facile à comprendre. Les recettes données proviennent des fabricants de bonbons les plus expérimentés et les plus remarquables d'Amérique et d'Europe, et sont telles que, si elles sont suivies avec soin et attention, elles mèneront certainement au succès. La pratique ne se fait que par l'expérience, et les petits échecs sont surmontés par une persévérance constante.

Une fois que les rudiments ont été parfaitement maîtrisés, le lecteur a amplement la possibilité de se distinguer dans le monde Candy, et le fera avec patience et persévérance. Nous sommes convaincus que nos clients considéreront ce travail non comme un effort littéraire, mais comme une instruction d'un ouvrier pratique à un ouvrier potentiel.

ÉBULLITION DU SUCRE.

Cette branche du commerce ou de l'entreprise d'un confiseur est peut-être la plus importante. Tous les fabricants s'y intéressent plus ou moins, et aucun magasin de détail ne pourrait certainement être considéré comme orthodoxe qui ne présente pas une variété alléchante de cette classe. Le terme «produits bouillis» est si inclusif qu'il englobe les gouttes, les pierres, les bonbons, les tire, les crèmes, les caramels et un certain nombre de différentes sortes de produits fabriqués à la main, fabriqués à la machine et moulés. C'est la méthode la plus ancienne dont nous ayons connaissance, et peut-être le procédé le plus populaire des temps modernes; l'évidence de notre expérience quotidienne nous convainc que (malgré le boom qui annonce de temps en temps un nouveau bonbon, cuit différemment, composé d'ingrédients jusqu'alors inutilisés dans les affaires), c'est l'exception lorsque ces produits occupent le premier rang pendant plus de quelques mois, aussi beaux, savoureux ou tentants soient-ils, le palais public semble se replier sur ceux fabriqués dans les anciennes lignes qui, bien que susceptibles de s'améliorer, semblent ne pas être remplacés. De toute la marque de confiserie au Canada, au moins les deux tiers peuvent être inscrits sous le nom de sucre bouilli. Ce sont sans aucun doute les principales caractéristiques des fabricants et des détaillants, embrassant, comme ils le font, des installations pour les cerveaux fertiles et les doigts habiles pour inventer des nouveautés dans la conception, la manipulation, la combinaison et la finition. Malgré la déjà grande variété, il y a toujours quelque chose de nouveau chaque jour dans ce département mis sur le marché. Beaucoup des maisons les plus prospères doivent leur popularité plus à leur tête qu'à leurs mains, d'où l'importance d'étudier cette branche dans toutes ses ramifications. L'assortiment sans fin nécessitant différentes méthodes de préparation et de manipulation, il est nécessaire de subdiviser cette branche en sections, l'ordre et la disposition étant si nécessaires pour être bien compris.*Quand on considère les quelques outils peu coûteux nécessaires pour fabriquer autant de types de produits vendables, il ne faut pas s'étonner du fait que tant de détaillants ont envie de fabriquer leurs propres caramels et autres, il n'y a aucune raison pour qu'un homme ou une femme, avec une patience ordinaire, une disposition volontaire et énergique, favorisée avec une bonne dose d'intelligence, ne devrait pas pouvoir devenir à l'aide de CE LIVRE et de quelques dollars d'outils, d'assez bonnes chaudières à sucre, avec quelques mois de pratique.*

Il y a des raisons pour lesquelles un confiseur de détail devrait étudier l'ébullition du sucre. Il donne du caractère à l'entreprise, une odeur fascinante aux locaux et une ambiance générale à l'environnement. Aucun produit ne semble plus attrayant et tentant pour le public gourmand que les produits frais de ce type. Une fenêtre lumineuse ne peut être conservée que par les fabricants. Les gouttes granuleuses ou collantes peuvent être rebouillées; les déchets et ce qui serait autrement presque des déchets (au moins inesthétiques) peuvent être corrigés en une autre forme, et devenir, non seulement vendable, mais rentable. *Un fabricant possède de nombreux avantages par rapport à celui qui achète tout.* Par exemple, les produits bouillis clairs doivent être maintenus hermétiquement fermés et sont donc livrés aux détaillants dans des bouteilles, des bocaux ou des boîtes de conserve, sur lesquels la charge est effectuée, ceux-ci doivent être reconditionnés et retournés. Les ruptures sont un élément important, tout comme le fret - le coût du second est économisé et le premier réduit au minimum.

Quels que soient les moyens adoptés pour profiter au détaillant et faire la promotion de l'entreprise par des fenêtres plus lumineuses, des magasins plus propres, des produits moins décolorés et des conditions financières plus saines doivent contribuer à la prospérité générale du commerce, de l'échelon inférieur au échelon supérieur de l'échelle.

Le but de tous les amateurs devrait être d'étudier la qualité plutôt que le prix. Les produits bien faits, soigneusement aromatisés et joliment exposés commandera toujours une vente immédiate à un prix équitable, donnant satisfaction au consommateur et crédit au fabricant. Offrez à vos clients quelque chose qui plaira aussi bien aux yeux qu'au palais, afin que chaque vente puisse être considérée comme une publicité. Les produits bon marché, encombrants et insipides ne sont pas rentables et nuisent au commerce ainsi qu'au vendeur. Je me permets d'affirmer que plus de créateurs potentiels ont eu du chagrin en essayant de se couper mutuellement le prix des bonbons poubelles que par toute autre cause. Regardez le nombre d'entreprises qui ont une réputation, dont nom commande commerce à bon prix, année après année ajouter au chiffre d'affaires. Quel est le talisman? Regardez leurs marchandises. Il n'y a peut-être rien de très frappant en eux, mais ils sont *invariablement bons* , occupés ou lâches, ils sont fabriqués avec soin, emballés avec goût et livrés proprement d'une manière professionnelle. Comparez cela à nos fabricants de produits bon marché; pour obtenir des commandes qu'ils vendent à des prix non rentables, souvent à perte, et tentent de compenser la différence en recourant à diverses méthodes pour augmenter le volume, le résultat est une ruine ultime pour eux-mêmes, une perte pour leurs créanciers et un préjudice pour tous les intéressés. . Rares sont ceux qui liront ces lignes ne pourront pas vérifier tout ce qui est dit. Le conseil de l'écrivain a toujours été de maintenir une-*haut degré d'excellence, essayez de vous améliorer dans tous les sens, et le succès n'est qu'une question de patience, d'énergie et de civilité .*

Il ne vise pas à donner une liste complète de toutes sortes de bonbons connus dans le commerce, ce serait absurde et impossible. Pour être en mesure de fabriquer un type particulier, il faudra des connaissances qui ne seront acquises que par l'expérience, de sorte que beaucoup dépend de l'effort réfléchi du débutant.

L'ATELIER.

L'ébullition du sucre, comme tout autre métier, nécessite un endroit pour le faire, équipé d'outils et d'appareils. Les conditions et les exigences peuvent être facilement adaptées à la bourse du pâtissier potentiel. Un travail pour être utile à tous doit s'adresser à tous et inclure des informations qui seront utiles au plus petit magasinier ainsi qu'au plus grand fabricant. Pour commencer par le bas, on peut facilement imaginer une personne dont la seule ambition est de faire un petit bonbon pour la fenêtre digne des enfants. Cela pourrait être fait avec une très petite dépense pour les ustensiles. La prochaine étape est l'achat d'un four de chaudière à sucre pas très coûteux et certainement indispensable là où la qualité et la variété sont requises, ce sera un grand gain de temps et d'argent, le sucre fera bouillir une bien meilleure couleur, de sorte que le sucre moins cher peut être utilisé pour les produits bruns ou jaunes, tandis que l'on peut faire des gouttes d'acide et d'autres produits blancs à partir de granulés. Dutch crush, ou pain de sucre, qui serait impossible à fabriquer sur une cuisinière à partir de n'importe quel type de sucre.

Fig.   2. Fig.   206   a.

Four à bonbons en acier.   **Four Excelsior.**

No. 1 - 24 po de haut, 19 Hauteur 26 po, 4 trous, po de diamètre. Prix, 7,50 $. de 9 à 18 po de diamètre. No. 2—30 po de haut, 23 po de Fabriqué entièrement en fonte.

diamètre. Prix, 12,00 $.   Prix, 16 $. Poids 225 lbs.

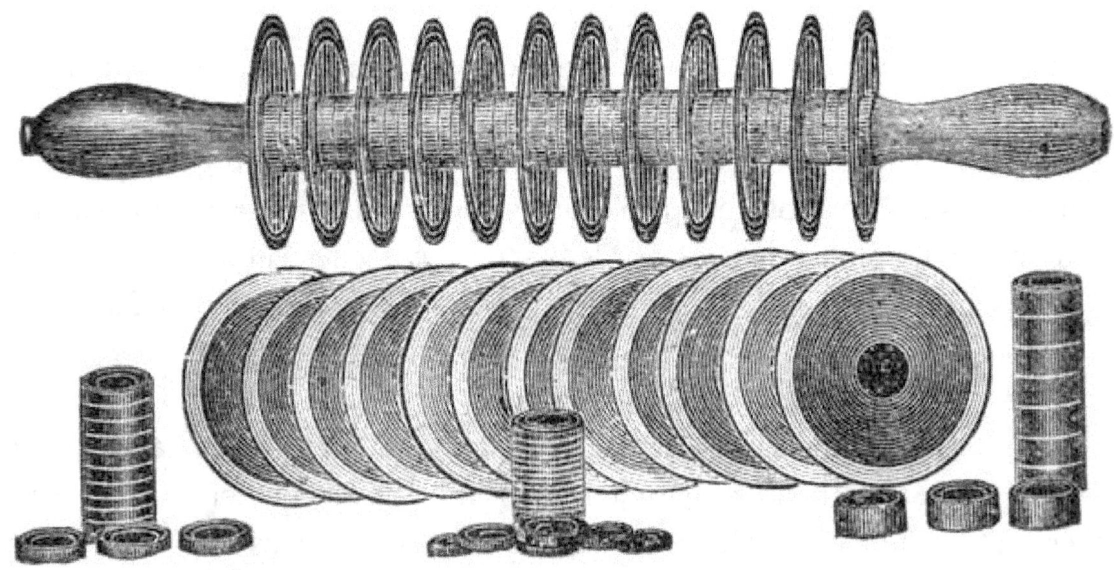

Fig.   **12.**

COUPE-CARAMEL — 2 styles.

Chacun avec arbre en acier et poignées à vis et deux ensembles de blocs.

N ° 2 - avec 13 couteaux en acier, prix 6,50 $

Nous fabriquons ce cutter avec une tige plus longue et un nombre illimité de cutters supplémentaires à 50 ° C. chaque couteau.

N ° 1 - avec 13 couteaux étamés, prix 11,00 $

Avec des tiges plus longues et un nombre quelconque de couteaux supplémentaires à 30 ° C. chaque couteau.

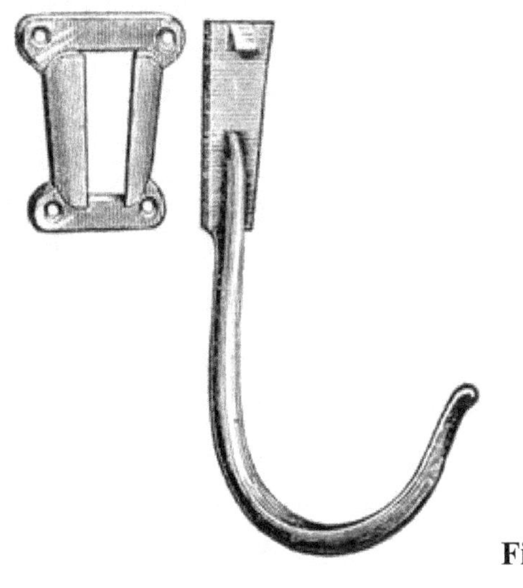

Fig.   **3.**

Marmite à bonbons en cuivre.

15 × 6   4,50 \$,   16 × 7   5,50 \$,

17 × 8   6,00 \$,   18 × 9   7,00 \$,

19 × 10 8 \$,   20 × 10½ 9 \$.

Fig.

16.   **Prix**   **76c.**

Amélioration de la glissière Candy Hook.

Fig.   **6.**

VESTE À VAPEUR — FABRIQUÉE SUR COMMANDE.

LISTE DES OUTILS D'ÉBULLITION DU SUCRE REQUIS POUR UN DÉMARRAGE.

1   Candy Furnace   Prix,   7 50 \$

1	Marmite en cuivre 15 × 6	"	4 50
1	Thermomètre à bonbons	"	1 75
1	Dalle de marbre 48 × 24 × 2	"	8 00
1	Coupe caramel	"	6 50
1	Crochet à bonbons	"	75
1	Couteau à palette	"	50
1	Doz. Moules de tire	"	2 00
1	Paire de ciseaux à bonbons anglais	"	1 50
			———
	Total		33 00 $

Plus de place sur les dalles sera nécessaire à mesure que le commerce augmentera.

Nous ne pouvons pas aller plus loin dans les mystères de cet art avec succès sans nous fournir une machine à bonbons et rouleaux pour nous permettre de faire des gouttes. *Elles sont indispensables* , et si nous voulons continuer, nous devons les avoir pour nous permettre de faire des gouttes, et chaque confiseur vend des gouttes. Ces machines sont conçues pour convenir à toutes les catégories de métiers, petits et grands. Les petits font des gouttes aussi belles que les gros, et se révéleront au cours d'un jour 2 ou 3 cwt., Par usage constant, de sorte que pour la vente au détail cette quantité serait généralement suffisante.

Fig. 12½.

Machine à bonbons et rouleaux pour sucre bouilli.

Pour les gouttes de fruits, les gouttes acides ou contre la toux, les imperials, etc.

Ces machines sont conçues pour s'adapter à une jauge standard et admettront que n'importe quel nombre de rouleaux soit monté sur un châssis. Ainsi, les parties ayant nos cadres peuvent à tout moment commander des rouleaux supplémentaires qui fonctionneront de manière satisfaisante.

Les rouleaux ont un diamètre de 2 pouces et une longueur de $3\frac{5}{8}$ pouces. Presque tous les motifs imaginables peuvent être découpés dessus.

CADRES DE ROULEAUX DE CANDY, $ 6 00 chaque.

ROULEAUX DE GOUTTE UNIE, 14 00 par paire.

ROULEAUX FANCY DROP, de 16 00 "

Ayant jusqu'à présent organisé notre atelier, la prochaine chose à faire est de le maintenir en ordre. L'ébullition du sucre est une activité collante sale, en particulier les jours de pluie, à moins que chaque partie ne soit maintenue scrupuleusement propre et sèche, les dalles et les tables doivent être lavées, aucune trace de tamisage, de chutes ou de produits bouillis ne doit être laissée exposée à l'atmosphère pendant la nuit , le sol est bien balayé et un peu de sciure de bois propre est déposée tous les soirs.

Le confort et la facilité de travailler dans un endroit propre compensent bien plus que les problèmes et le temps nécessaires pour le mettre en ordre, en plus les marchandises sont beaucoup plus sèches, plus lumineuses et plus faciles à mettre en bouteille ou à emballer. Rien n'est plus désagréable que de travailler avec des dalles collantes, des machines visqueuses ou des balances sales. L'ébullition adhère aux plaques, adhère aux rouleaux, gâte les formes et devient trouble et tachetée lors du pesage. Nous n'écrivons pas sans connaissance. Quiconque a travaillé ou visité de petits ateliers peut approuver la valeur de ces remarques et rappeler ce tableau imaginaire. Cependant, il y a des exceptions, l'indication sera toujours utile dans de nombreux cas.

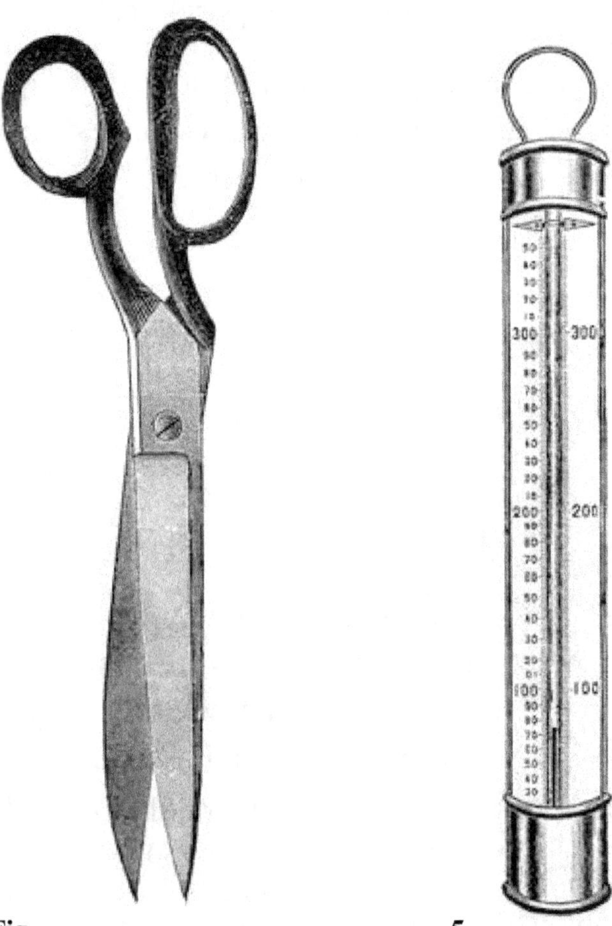

Fig.   5.
Cisailles à bonbons en acier.
Ciseaux à bonbons anglais, 1,50 $.

Fig.   201   a. Prix,   1,75 $
Thermomètre à bonbons en cuivre.

MÉTHODE D'ÉBULLITION DU SUCRE.

Si l'apprenant étudie les instructions suivantes, l'auteur garantit de le mettre en mesure de faire bouillir le sucre aussi correctement que l'ouvrier le plus expérimenté. Pour ce faire, le lecteur doit se doter des outils de la chaudière à sucre nommés sur le précédent page. Pendant que le sucre subit le processus d'ébullition, il est presque impossible pour un apprenant de déterminer le degré exact que le sucre a atteint sans thermomètre, et même le compagnon le trouve si utile que vous en trouverez très peu qui bouillent. sucre sans elle; en fait, bon nombre des plus grands magasins ne permettront pas à une chaudière à sucre de fonctionner sans une. Pour presque tous les buts, les diplômes suivants seront trouvés tout ce qui est nécessaire. Par exemple, mettez dans la casserole dans laquelle vous avez l'intention de faire bouillir, 7 livres. sucre granulé avec un litre d'eau, placez-le sur le feu et laissez bouillir. Mettez un couvercle sur la casserole et laissez bouillir pendant dix minutes; puis retirez le couvercle et placez le thermomètre dans la casserole, en plongeant la partie inférieure de celui-ci dans le sucre bouillant, et laissez-le y rester jusqu'à ce que le sucre soit bouilli au degré souhaité. Les cinq degrés suivants sont ceux utilisés par les confiseurs à des fins différentes:

MORTIER EN FORME DE CLOCHE DE FER.

Marque anglaise, extra lourde, étamée à l'intérieur.

1	Pinte	1 00 $
1½	"	1 50
1	Litre	2 00
2	"	3 00

Fig.87.

1er. Le lisse, à savoir., - 215 à 220 par le thermomètre. Lorsque le mercure enregistre ces chiffres, les sucres peuvent ensuite être utilisés pour cristalliser des crèmes, des gommes et des liqueurs.

2ème. Le fil, à savoir, 230 et 235 est le degré qui est utilisé pour faire des liqueurs.

3e. La plume, à savoir, 240 à 245. Il ne s'écoule que quelques minutes entre ces degrés, et le sucre doit être surveillé de près pendant l'ébullition à ce stade. Ce degré peut être utilisé pour la fabrication de fondants, de crèmes riches, de crème pour chocolats et de confiture de fruits.

4ème. The Ball, à savoir, 250 à 255. Le sucre à ce stade est utilisé pour faire de la noix de coco et d'autres bonbons, de la glace de noix de coco et presque toutes les descriptions de sucre de grain en général.

5ème. Le Crack, c'est-à-dire 310 à 315. C'est le degré qui est utilisé, avec peu de variation, pour toutes sortes de gouttes, de tire et de toutes les marchandises claires, que ce soit pour passer dans des machines ou pour manipuler avec les mains.

Ces degrés peuvent être testés par une main expérimentée sans l'aide du thermomètre, et l'apprenant peut s'habituer en les essayant de la manière suivante: prenez la tige d'une pipe en argile et plongez-la dans le sucre à ébullition, tirez-la à nouveau et passez-le à travers l'index et le pouce; quand il se sent huileux vous constaterez en regardant votre thermomètre qu'il a atteint le degré de douceur, 215 à 220 par le verre.

Le degré ou le fil suivant peut être essayé en prenant un peu de sucre du tuyau entre votre doigt et votre pouce et en les séparant doucement; si vous voyez petit des fils pendent entre votre doigt et votre pouce, ce degré est arrivé.

Pour le degré de balle, 250 à 255, vous devez avoir à la main une petite cruche d'eau froide; lorsque vous tirez le tuyau hors du sucre, plongez-le dans l'eau, et une fois sorti de l'eau, si vous pouvez le travailler comme un morceau de mastic, vous avez le degré de boule.

Le degré de fissure doit être testé de la même manière et le sucre doit laisser la pipe propre; trempez-le à nouveau dans de l'eau froide; lorsque vous êtes hors du tuyau, cassez un morceau avec vos dents; s'il s'enclenche entre vos dents, versez votre sucre sur la plaque immédiatement.

NOTE. — Ce dernier degré doit être essayé brusquement, en donnant le procédé pour l'essayer sans le thermomètre. Nous conseillons à tous les débutants de se procurer un thermomètre, car la pratique seule peut vous instruire sans. Il est également nécessaire de préciser que les thermomètres diffèrent un peu et doivent être testés.

Par temps chaud, il est nécessaire de porter les sucres au maximum; pendant les mois d'hiver, les degrés inférieurs marqués répondront à l'objectif.

COUPE DU GRAIN, ABAISSEMENT OU GRAISSAGE.

Presque tout le sucre, en particulier raffiné, qu'il soit en pain, cristallisé ou granulé, et la plupart des sucres connus dans le commerce sous le nom de morceaux, s'ils sont bouillis au-delà du degré de boule, ou 250 par le thermomètre, lorsqu'ils sont tournés hors de la casserole deviennent trouble, puis granuleux , et ultimement un morceau solide de sucre opaque dur. Pour éviter ce confisage, comme on l'appelle, plusieurs agents sont utilisés, tels que le glucose, la crème d'acide pyroligneux tartrique, le vinaigre, etc., dont l'action fera bouillir le sucre, sera souple à chaud et transparent à froid. Il est donc nécessaire d'utiliser un agent abaissant pour toutes les bouillies destinées aux marchandises claires, comme les gouttes, les tire, les roches. & c.

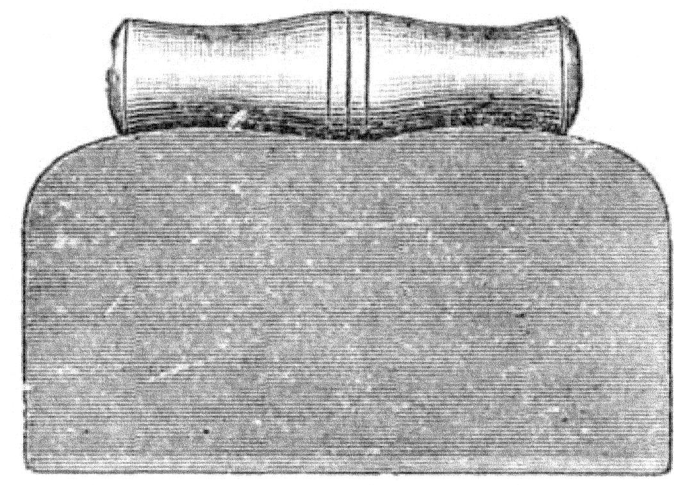

Fig. 29. Fig. 21.

Formes pyramidales. **GRATTOIR ET ÉPANDEUR DE BONBONS.**

N ° 1, 22½ pouces, 2 anneaux
Prix, 90c.
N ° 2, 32 pouces, 3 anneaux
Prix, 1 $ 10.

12 pouces longue 65c
6 " " 30c

L'expérience a appris à la plupart des anciens que deux de ces agents possèdent tous les mérites nécessaires à cet effet et doivent être préférés à d'autres pour des raisons qu'il n'est pas nécessaire de dire: ce sont de la crème de tartre et de glucose. On pourrait dire beaucoup en faveur de l'un ou des deux; la crème de tartre est plus maniable et plus propre à utiliser ainsi que plus précise dans son action; marchandises bouillies avec sera une meilleure couleur et, certains affirment, plus nette; pour les acides et tous les meilleurs produits d'exportation, il est recommandé d'utiliser une proportion d'une demi-once pour chaque 14 livres. de sucre - nous disons environ, comme certains sucres forts nécessitent un peu plus, cela est généralement mesuré dans une cuillère à café, deux cuillerées à tous les 14 livres. de sucre.

Le glucose , étant moins cher que le sucre, est précieux pour le confiseur, non seulement pour ses qualités *réductrices* , mais aussi en tant que producteur en vrac, ce qui *réduit le coût du produit*. De ce fait, il y a une tendance à en faire trop en utilisant trop, le résultat faisant que les marchandises deviennent collantes et deviennent molles dès qu'elles sont exposées à l'atmosphère, non seulement ainsi, mais nous avons vu des gouttes se transformer en une masse solide dans des bouteilles à travers être surdosé. Si le glucose est utilisé dans des proportions appropriées, il constitue un excellent agent abaissant et répondra en premier lieu à l'objectif des gouttes ordinaires et analogues. Utilisez trois livres. de glucose à tous les 14 livres. de sucre; garder une casserole sur le dessus du four, de sorte qu'elle soit toujours chaude et puisse être facilement mesurée au moyen d'une casserole ou d'une louche contenant la quantité exacte; ajoutez le glucose lorsque le sucre commence à bouillir.

SAVEURS ET COULEURS.

Celles-ci forment une partie presque aussi importante du commerce que le sucre lui-même, et ce devrait être le principal objectif de tout ouvrier d'essayer d'exceller dans ces deux caractéristiques importantes; si vous n'utilisez pas de *bonnes saveurs* , c'est une certitude morale que vous ne pouvez pas produire de *bons bonbons* . Les arômes pour les sucres bouillis doivent être spécialement préparés, ceux achetés dans une *pharmacie* ordinaire *peuvent très bien faire pour aromatiser crèmes et pâtisseries, mais ne sont d'aucune utilité pour les sucres bouillis, en fait il vaut mieux ne pas utiliser d'essence du tout, car ils* sont si faibles que, pour donner les gouttes, etc., même un léger goût, la quantité requise réduit le degré auquel le sucre a été tellement bouilli qu'il fonctionne comme du mastic et adhère à la machine tout en étant pressé; les gouttes une fois terminées semblent ternes, traînées et collent ensemble lors de la mise en bouteille; des tonnes de gouttes sont gâtées chaque semaine par de petits fabricants utilisant de telles saveurs, tandis qu'un peu de problèmes et moins de frais les mettraient hors de leur misère, en plus de donner aux produits une apparence claire et sèche que l'on trouve dans les gouttes d'une maison respectable.

Il faut se rappeler que la saveur est la vie même du bonbon. La couleur peut plaire à l'œil, mais l'excellence n'est pas à elle seule requise. Un acheteur peut être attiré par l'œil, mais il ne mange pas avec. Ni les vieux ni les jeunes ne mangeraient sciemment uniquement du sucre coloré. Un goût sucré peut être satisfait avec du sucre seul.

C'est la variété des saveurs agréables que l'on souhaite et c'est le métier du pâtissier de la fournir. Les saveurs pour l'ébullition du sucre doivent être aussi concentrées que possible. Plusieurs grandes maisons qui ont limité leur attention aux besoins et aux exigences des métiers de la confiserie et de l'eau minérale ont réussi à produire des essences de fruits de qualité, ce qui est un plaisir de travailler. Étant très puissant, peu est nécessaire pour donner à l'ébullition une saveur riche, par conséquent, il passe facilement à travers la machine, formant une goutte parfaite sur dont l'empreinte claire de la caractéristique de gravure de la machine utilisée. Les huiles essentielles utilisées par les pâtissiers sont celles qui ont une saveur aromatique agréable et doivent être utilisées dans leur force d'origine, sans être frelatées ni réduites. Il faut absolument qu'elles soient pures et fraîches, plus particulièrement les huiles de citron et d'orange, car lorsqu'elles ne sont pas fraîches et pures, elles participent à la saveur de la térébenthine, et sont particulièrement désagréables au goût.

Les petits fabricants feraient bien d'acheter avec soin dans une bonne maison, pas plus que ce qui serait utilisé en deux ou trois mois, en particulier les deux mentionnés ci-dessus. Certaines huiles au contraire s'améliorent en conservant comme la menthe poivrée et la lavande. Toutes les essences et huiles sont mieux conservées bien bouchées dans un endroit sombre et frais.

Ces huiles étant puissantes, populaires et chères, elles sont fréquemment frelatées. La crème de tartre et d'acide tartrique en raison du prix est souvent augmentée, la première avec différentes poudres bon marché, la seconde généralement avec de l'alun. Beaucoup de gens échouent dans le processus sans aucune faute de leur part, mais simplement parce qu'ils sont fournis avec des ingrédients de qualité inférieure, il est donc important que les couleurs et les saveurs soient achetées dans une maison respectable; obtenir la liste des extraits et essences d'huiles de Fletcher Mnf'g. Co. qui sont de gros revendeurs de ces produits.

Les couleurs préparées, composées de plusieurs très jolies nuances de jaune et de rouge, également de brun café, de jetoline noir, bleu damson et vert pomme; ils sont en pâte, prêts à l'emploi, étant végétaux, ils sont garantis strictement sains, et peuvent être utilisés en toute confiance.

RIDES VAUT LA LECTURE SUR L'ÉBULLITION DU SUCRE.

Pour faire une goutte d'acide à la perfection, la casserole doit non seulement être propre mais brillante; utilisez le meilleur sucre blanc, et juste assez d'eau pour le faire fondre, avec un peu de crème de tartre supplémentaire (sans glucose); faire bouillir sur un feu vif à 305; après le passage dans la machine, bien épousseter avec du sucre glace et une bouteille. Les débutants ne doivent pas essayer de travailler avec moins d'eau, car l'ébullition est plus sujette au grain, ce qui peut être vu par un expert et évité. Avant de faire bouillir, vérifiez qu'il y a suffisamment de combustible sur le four pour mener à bien l'opération. Faire un feu pendant le processus gâche la couleur et la qualité. Plus le sucre est bouilli, meilleure est son apparence et sa durabilité.

Lorsque les sucres communs bouillants ont la casserole assez grande, - certains jettent beaucoup de mousse lorsqu'ils atteignent le point d'ébullition et sont susceptibles de couler - surveillez de près, et si vous ne pouvez pas battre la mousse, soulevez la casserole sur le côté du feu quelques minutes jusqu'à ébullition.

De nombreux sucres faibles brûlent sur un feu clair avant de se fissurer. Dans ce cas, saupoudrez un peu de combustible frais ou de cendres sur le feu et replacez la casserole. En cas de réapparition, répétez l'opération en le soignant jusqu'au degré souhaité. Le mauvais sucre bouillant est très gênant. Un bon plan est de faire une règle de tension le lot juste après avoir bouilli, à travers un fil de cuivre très fin ou un tamis à cheveux, cela empêche les corps étrangers tels que le sable, la sciure de bois ou même les clous, qui sont souvent mélangés au sucre de pénétrer dans les marchandises. Gardez le thermomètre lorsqu'il n'est pas utilisé dans un pot d'eau posé sur la plaque du four à côté de la casserole, lavez le pot et remplissez-le d'eau froide chaque matin; Gardez le thermomètre propre, en particulier la partie supérieure, car le sucre qui y adhère devient granuleux et risque de gâcher toute une ébullition. Après avoir fait de nombreux bonbons noirs, lavez soigneusement le thermomètre avant de faire bouillir légèrement.

En utilisant des couleurs pour les gouttes et les produits transparents, utilisez-les sous forme de pâte lorsque cela est possible, puis vous pouvez les mélanger lorsque l'ébullition est sur la dalle, économisant ainsi votre casserole; gardez les couleurs humides dans des bocaux, examinez-les tous les soirs et, si nécessaire, ajoutez un peu d'eau froide pour les garder humides, ou le dessus peut devenir sec et dur, ce qui rendrait les produits tachetés. Utilisez un morceau de bâton distinct pour chaque couleur à frotter et faites attention à ne pas utiliser trop de couleur; un très peu va loin avec les produits bouillis clairs. Les marchandises sont plus souvent gâtées en utilisant trop que trop peu; plus peut toujours être ajouté si les nuances sont trop claires, mais il n'y a pas de remède si vous en avez trop ajouté. Lors de la coloration des carottes, cela doit être fait dans la poêle; les couleurs liquides sont les meilleures; Le problème sera enregistré s'il est utilisé dans l'ordre suivant. Supposons la framboise, juste avant que l'ébullition soit prête, puis le citron et verser; faire ensuite la tire d'Everton de la même manière, ajouter le beurre avant le citron; puis faites la framboise. Dans cet agencement, il n'est pas nécessaire de faire cuire la poêle à la vapeur. Si la tire aux framboises avait été préparée en premier, la poêle aurait dû être nettoyée avant que la tire au citron ou Everton ne puisse être faite, car elle aurait été rouge.

Mesurez les saveurs dans un verre gradué; lavez fréquemment le verre, sinon il rancit; pesez l'acide et vérifiez qu'il est bien moulu; s'il est devenu sec et grumeleux, frottez-le en poudre avec un rouleau à pâtisserie ou une bouteille lourde sur une feuille de papier avant de l'utiliser. En utilisant des essences de fruits, un peu d'acide tartrique en poudre augmente la saveur, la moitié des essences aura un meilleur effet. Mettez l'acide à ébullition après l'avoir versé sur la dalle en un petit tas, versez l'essence dessus, puis incorporez bien le tout.

Utilisez la meilleure huile pour la dalle avec un chiffon en flanelle propre; gardez le chiffon dans une soucoupe, s'il se trouve à ce sujet, il tombe sur le sol et ramasse la saleté et le transporte jusqu'à l'assiette verseuse. Quand il devient dur ou graveleux, brûlez-le immédiatement et obtenez-en un nouveau, ou il peut être utilisé par erreur et faire des dégâts. Nous avons vu la beauté d'une ébullition gâtée des dizaines de fois en utilisant des chiffons sales et de l'huile rance. Une chaudière à sucre ne peut pas être trop prudente dans ces petits détails, le succès de son travail en dépend largement. Il est facile d'inaugurer un bon système, et beaucoup plus confortable d'y travailler qu'un "que dois-je faire [Pg 24]suivant "une sorte de méthode. Sachez où trouver et mettre la main sur tout; quand l'ébullition est chaude, il n'y a pas le temps de chercher ce dont vous avez besoin." Une place pour tout et tout à sa place "devrait être une fonctionnalité pratique dans chaque magasin d'ébullition.

BONBONS STICKY.

Il n'y a peut-être rien de plus ennuyeux pour le commerce que les sucres bouillis collants. Toutes les marchandises claires lorsqu'elles sont exposées à l'atmosphère deviendront humides, en particulier par temps humide. C'est une question de degré, certains légèrement et certains couleront presque jusqu'au sirop; il est impossible d'éviter les premiers, mais les seconds peuvent être évités. Il faut faire très attention lors de l'ajout de l'abaissement, qu'il s'agisse de crème de tartre ou de glucose, une trop grande quantité de l'un ou l'autre fera couler les produits immédiatement après leur démoulage. Des sucres faibles ou inférieurs, ou une ébullition insuffisante, ont également cet effet. Nous ne connaissons aucun agent fiable qui empêchera tout à fait ce résultat, mais nous savons qu'un arrangement soigneux des différentes proportions, en utilisant du bon sucre et une bonne ébullition atténue grandement, sinon totalement, le grief. Les produits destinés à être exposés doivent contenir juste un abaissement suffisant pour empêcher l'ébullition de devenir granuleuse et bouillie jusqu'à la norme. Bien sûr, différents sucres entraîneront plus ou moins d'abaissement, mais cela peut être facilement testé par l'ouvrier. Quelques expériences détermineront la quantité exacte pour chaque ébullition. Il n'y a aucune excuse pour que les gouttes collent dans les bouteilles lorsqu'elles sont bouchées, cela ne devrait pas se produire, si c'est le cas, la faute est en train de se faire; l'eau a beaucoup à voir avec le fait que les bonbons deviennent collants. L'écrivain en a fait l'expérience dans plusieurs pays, où la seule source de cet ingrédient indispensable provenait des puits artésiens. À le regarder, c'était tout ce que l'on pouvait désirer - une boisson belle, froide, claire et saine. Je n'ai pas la prétention de donner un avis sur ses constituants chimiques, mais les gouttes et autres furoncles clairs pour lesquels il a été utilisé se sont humidifiés directement après avoir été exposés et auraient coulé en sirop s'ils n'avaient pas été recouverts. Les marchandises se conservent bien dans des bouteilles, mais c'est très ennuyeux, pour ne pas parler des dommages et pertes pour une entreprise, quand c'est la situation en ce qui concerne l'approvisionnement en eau. Le seul remède que nous ayons pu proposer, et qui a eu beaucoup de succès, était du borax en poudre. Nous l'avons utilisé dans la proportion d'une cuillère à café pour tous les 14 livres. de sucre en l'ajoutant juste au moment où le sucre commençait à bouillir. Le borax s'est avéré utile avec n'importe quelle eau lors de la fabrication de produits à exposer dans la fenêtre ou sur les comptoirs, tels que les tire, les roches et les sucres cuits clairs en général. Lorsque l'approvisionnement en eau, comme dans la plupart des grandes villes est approprié, étant donné du bon sucre, de la crème de tartre ou du glucose, dans des proportions appropriées, et une ébullition prudente jusqu'à la norme, l'ajout de borax est inutile et ne devrait être utilisé que sous spécial conditions. roches et sucres bouillis clairs en général. Lorsque l'approvisionnement en eau, comme dans la plupart des grandes villes est approprié, étant donné du bon sucre, de la crème de tartre ou du glucose, dans des proportions appropriées, et une ébullition prudente jusqu'à la norme, l'ajout de borax est inutile et ne devrait être utilisé que sous spécial conditions. roches et sucres bouillis clairs en général. Lorsque l'approvisionnement en eau, comme dans la plupart des grandes villes est approprié, étant donné du bon sucre, de la crème de tartre ou du glucose, dans des proportions appropriées, et une ébullition prudente jusqu'à la norme, l'ajout de borax est inutile et ne devrait être utilisé que sous spécial conditions.

TAFFY UNI.

14 livres Sucre blanc.
2 litres d'eau.
Tartare à la crème de ½ once.

PROCESSUS. - C'est une recette facile et capitale pour commencer. Le processus est pratiquement le même que pour tous les autres produits en clair, mais les ingrédients étant moins nombreux, ils risquent peu de se compliquer. Avec un thermomètre, il n'est guère possible de se tromper, en plus cela rendra l'instruction plus intelligible: s'il ne possède pas cet appareil, il faut demander que les instructions «Comment faire bouillir le sucre» soient conservées en mémoire, comme ce serait fastidieux et une grande perte de temps et d'espace pour continuer à expliquer comment dire les différents degrés par lesquels passe le sucre avant d'arriver au point requis pour les diffé-rents produits donnés dans ce livre. Pour cette raison et d'autres, je suppose que l'apprenant travaille avec un.

Mettez le sucre et l'eau dans une casserole propre, placez-le sur le feu et remuez-le de temps en temps jusqu'à ce qu'il soit fondu; à ébullition ajouter la crème de tartre et mettre un couvercle sur la casserole; laissez-le bouillir de cette façon pendant dix minutes, retirez le couvercle et plongez la partie inférieure du thermomètre dans le liquide bouillant et laissez-le rester dans cette position jusqu'à ce qu'il enregistre 310 degrés, puis retirez rapidement le thermomètre, soulevez le casserole et versez le contenu dans des cadres, des boîtes de conserve ou sur une dalle de versement préalablement huilée. Si sur une plaque de coulée, marquez l'ébullition en barres ou en carrés, à chaud, avec un couteau ou un coupe-tire: lorsqu'il est assez froid, il est prêt pour la vente.

TAFFY AU CITRON.

14 livres Sucre blanc.
Tartare à la crème de ½ once.
Coloration au safran.
2 litres d'eau.
Arôme de citron.

PROCESSUS. — Procédez comme indiqué pour la tire ordinaire. Lorsque le sucre atteint 305 degrés, ajoutez quelques gouttes de couleur safran; lorsqu'il atteint 310 degrés, ajoutez quelques gouttes d'huile de citron et versez immédiatement dans des cadres ou des boîtes; ou si vous versez une dalle, marquez-la en barres ou en carrés avant qu'elle ne refroidisse. La dalle de coulée doit être de niveau afin que la feuille ait la même épaisseur.

SCOTCH AU BEURRE.

8 livres Sucre blanc.
1 lb de beurre frais.
Arôme de citron.
¼ oz. Crème tartare.
1 litre d'eau.

PROCESSUS. - Faire fondre le sucre dans l'eau en remuant de temps en temps lorsque la casserole est sur le feu, puis ajouter la crème de tartre et faire bouillir jusqu'à 300, soulever la casserole sur le côté du four et ajouter le beurre en petits morceaux cassés par la main; glisser à nouveau la poêle sur le feu en ajoutant l'arôme de citron; laisser bouillir pour que tout le beurre soit bouilli puis verser dans des cadres; lorsque partiellement marque à froid avec le cutter en petits carrés; à froid, divisez les carrés; envelopper chacun dans du papier ciré; vendu généralement en paquets d'un cent.

NB - Il y a du bon scotch au beurre et du meilleur scotch au beurre, mais pas de mauvais scotch au beurre; cette qualité peut être améliorée par l'ajout d'une grande proportion de beurre: certains fabricants mettraient 2 livres. ou même 3 livres. à cette quantité, mais cela serait réglé par la classe de commerce et les carrés de taille. Ces cadres sont conçus pour contenir 144 carrés; une ébullition de cette taille fera chaque carré [Pg 28]peser environ 1 once, mais n'importe quel poids de carré peut être arrangé par l'ajout ou la déduction de l'ébullition.

EVERTON TAFFY.

12 livres Sucre blanc.
2 livres. Sucre noir.
2 livres. Beurre frais.
½ oz. Crème tartare.
2 litres d'eau.
Arôme de citron.

PROCESSUS. - Faire fondre le sucre dans l'eau, ajouter la crème de tartre et faire bouillir le tout au degré 300; soulever la casserole du côté du feu, mettre le beurre en petits morceaux, remettre la casserole sur le feu et laisser bouillir; ajoutez le citron et laissez-lui le temps de se mélanger, puis versez le contenu dans le cadre ou sur une assiette verseuse pour le découper en barres. La tire d'Everton et le scotch au beurre sont similaires, sauf en couleur; les mêmes remarques sur la qualité s'appliqueront dans les deux cas; si le feu est très intense, ne posez pas la poêle à plat dessus après avoir ajouté du beurre; nourrir doucement pour éviter de brûler; peu de coke frais secoué au-dessus du feu aiderait.

TAFFY AUX FRAMBOISES.

14 livres Sucre blanc.
½ oz. Crème tartare.

Saveur de framboise.

2 litres d'eau.

Rose brillante.

PROCESSUS. - Porter le sucre et l'eau à ébullition, ajouter la crème de tartre, mettre le couvercle pendant dix minutes, puis découvrir et plonger le thermomètre; continuer à bouillir à 300; teinte d'un rouge vif avec une rose liquide et brillante; ajouter l'essence de framboise; verser sur le cadre ou la plaque de versement et marquer en barres ou en carrés de Taille; lorsqu'elle est froide, la tire est prête à être emballée et vendue.

FIG TAFFY.

10 lb de bon sucre jaune.

2 livres. Glucose.

3 lb de figues hachées finement.

3 pintes d'eau.

PROCESSUS. - Faire bouillir le sucre, l'eau et le glucose jusqu'à une fissure faible, 295; soulevez la casserole en partie du feu, en mettant un morceau de fer sous elle pour éviter qu'elle ne brûle; ajouter les figues en laissant doucement bouillir le tout et mélanger; verser dans des boîtes huilées ou sur une plaque et marquer en carrés. Lorsque vous ajoutez les figues, laissez-les tomber entre les doigts, pas en tas.

TAFFY DE NOIX.

5 livres Cassonade.

5 livres Sucre en cristal.

2½ livres Glucose.

3 livres Noix.

2 litres d'eau.

Arôme de citron.

PROCESSUS. —Écosser les noix, éplucher la peau, hacher très finement. Faire bouillir le glucose, le sucre et l'eau comme indiqué précédemment au degré de fissure faible, 300. Soulevez un peu la casserole du feu; ajoutez les noix préparées en les laissant passer doucement par le doigt; laissez bouillir le tout, puis ajoutez quelques gouttes d'huile de citron; une fois bien mélangé, verser l'ébullition et marquer en barres avant trop froid. La saveur est améliorée en rôtissant un peu les noix avant de les mettre à ébullition.

Bonbons à l'arachide.

Faire bouillir jusqu'à la fissure, 1 litre de meilleure mélasse de la Nouvelle-Orléans, 1 lb de glucose et 1 litre d'eau.

Préparez les viandes en enlevant la fine peau rougeâtre dans laquelle elles sont enveloppées et remplissez un plateau à environ un pouce de profondeur. Versez sur eux les bonbons chauds préparés comme indiqué, en remuant les viandes jusqu'à ce que chacune soit couverte. Un peu moins de bonbons devraient être utilisés qu'il suffira de couvrir entièrement les viandes, bien que chacun d'entre eux devrait être couvert, le but étant d'utiliser juste assez de bonbons pour que les viandes adhèrent fermement ensemble, formant ainsi un gros gâteau, qui quand il fait presque froid peut être divisé en carrés ou en barres avec un couteau bien aiguisé.

Les amandes et autres noix peuvent être utilisées de la même manière décrite ci-dessus.

BARCELONE TAFFY.

5 livres Cassonade.
5 livres Sucre en cristal.
3 livres Noix de Barcelone.
2 livres. Glucose.
2 litres d'eau.
Arôme de citron.

Préparez les noix en les hachant finement, faites bouillir le sucre, le glucose et l'eau au degré 300. Retirez un peu la casserole du feu, ajoutez délicatement les noix; une fois complètement bouilli et amalgamé, ajoutez quelques gouttes de citron et versez le contenu dans le cadre ou sur une assiette verseuse et marquez en barres.

TAFFY DE COCO.

6 livres Sucre en poudre.
2 livres. Noix de coco desséchée non sucrée.
4 livres Cassonade.
2 livres. Glucose.
3 pintes d'eau.
Arôme de citron.

PROCESSUS. - Faire fondre les sucres dans l'eau, porter à ébullition, ajouter le glucose et continuer à bouillir au degré 300; soulevez la casserole un peu loin du feu; faire bouillir doucement la noix de coco séchée; continuer à bouillir jusqu'à ce que le lot soit bien mélangé; ajoutez quelques gouttes d'huile de citron et versez dans des cadres; utilisez le citron avec prudence, trop gâcher la saveur.

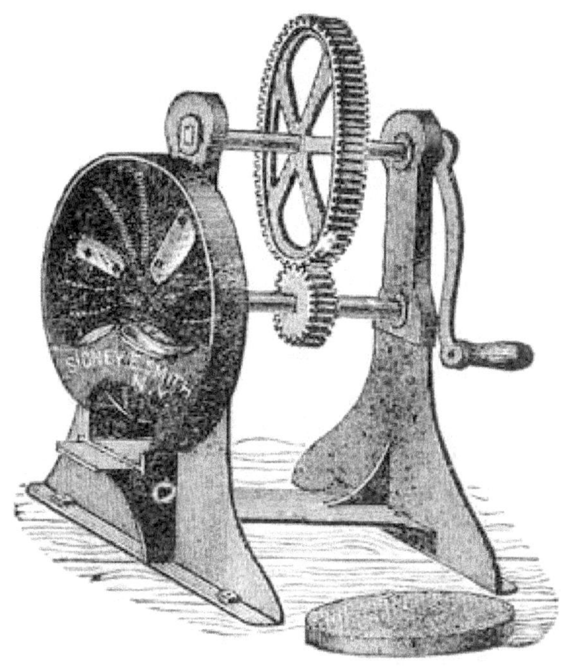

Fig. 14.

Trancheuse et déchiqueteuse de noix de coco. RÂPE EN ACIER AMÉLIORÉE. Tapoter. 30 août 1887.

N ° 2, nous prétendons être la meilleure machine fabriquée à la main sur le marché. Il est facilement ajustable pour couper, trancher ou râper, les différentes plaques ne né-cessitant qu'un moment pour s'ajuster à l'arbre. C'est la seule machine à avoir un ré-glage extérieur.

Machine n ° 2, trancheuse et déchiqueteuse	20 00 $
Râpe pour même	3 00

MÂCHOIRE DE TAFFY OU DE BÂTON DE COCO.

6 livres Sucre en poudre.

4 livres Cassonade.

3 pintes d'eau.

2 livres. Glucose.

4 grosses noix de coco tranchées.

PROCESSUS. -Boil à craquer 310 par le thermomètre, le sucre, le glucose et l'eau; avoir la noix de coco fraîchement pelée et coupée en tranches; soulevez la casserole à deux ou trois pouces du feu; faites glisser la noix en remuant doucement avec une spatule pour les garder du fond jusqu'à ce qu'elles soient bien bouillies, puis versez dans des boîtes ou des cadres.

NB — Remuez doucement dans un seul sens ou vous pouvez faire bouillir l'ébullition.

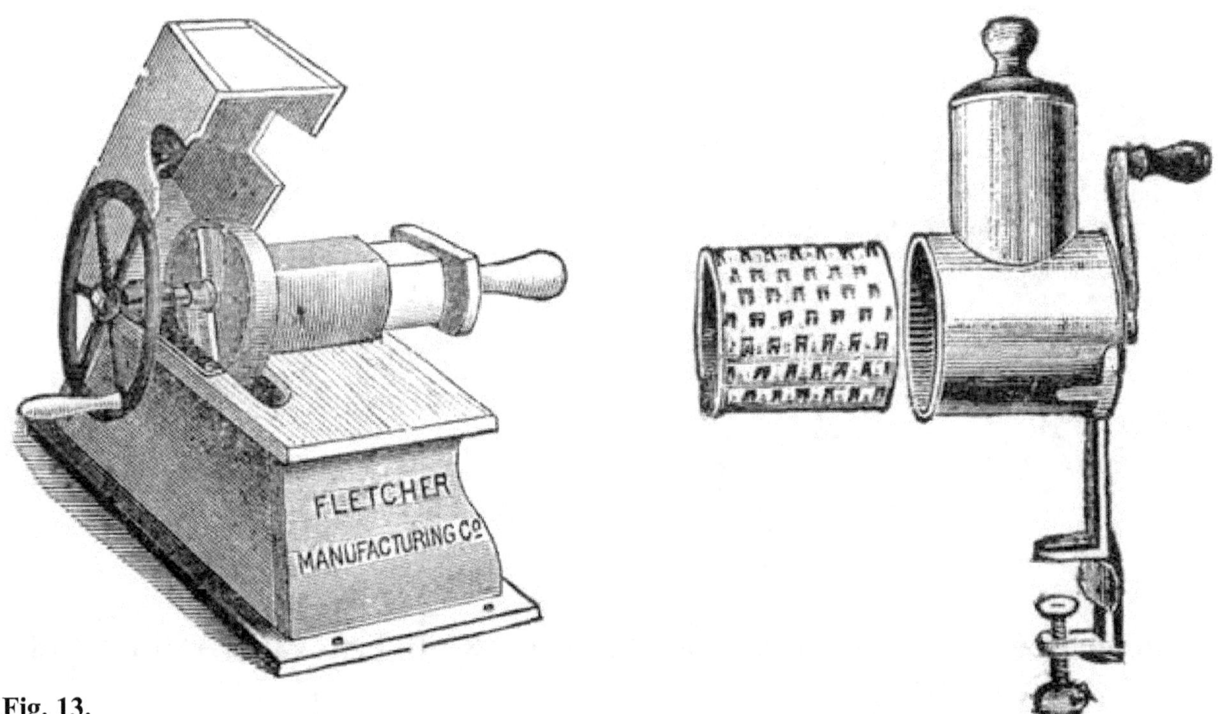

Fig. 13.

Machine à trancher les écorces de citron et d'orange.

Fig. 202 a. Prix 1 00 $.

Nouvelle râpe aux amandes.

Ceci est une machine utile pour trancher Peel en morceaux fins et réguliers pour les dessus des gâteaux Maderia, etc.

L'un des meilleurs râpes aux amandes du marché.

Il est également fabriqué à double action, c'est-à-dire avec des couteaux à trancher et à déchiqueter, ces derniers étant utilisés pour déchiqueter ou râper la noix de coco, etc., très fins.

Prix, 13 00 $

OEUFS ET BACON.

10 livres Sucre blanc.
2½ livres Glucose.
3 pintes d'eau.
1 lb. Non pareils.
1 noix de coco.
Coloration rose brillante.

PROCESSUS. —Coupez une grosse noix de coco en tranches, séchez-les et déposez-les sur le plat verseur en rangées à environ un demi-pouce d'intervalle; saupoudrez entre eux en épaisses des nonpareil de couleurs variées (centaines et milliers). Faire bouillir pour casser le sucre, le glucose et l'eau; teinte de rose brillante, et versez soigneuse-ment et uniformément le contenu sur le plateau verseur, en dérangeant le moins pos-sible la noix et la nonpareil. Un bon plan est d'avoir une petite louche peu profonde avec un bec ouvert, dans laquelle verser un peu d'ébullition, faire passer sur la plaque un petit ruisseau de la louche en premier, cela liera la noix, etc. endroits pendant que le gros est déversé.

AMANDES HARDBAKE.

10 livres Bon sucre brun.
2 livres. Glucose.
Arôme de citron si désiré.
3 livres Amandes.
3 litres d'eau.

PROCESSUS. - Fendre avec un couteau aiguisé les amandes, les déposer face en bas sur une assiette huilée, recouvrir l'assiette le plus étroitement possible; faire bouillir le glucose, le sucre et l'eau jusqu'à la fissure 305; retirer la casserole du feu et verser le contenu soigneusement et uniformément sur les amandes; l'ajout d'un peu d'arôme de citron ou d'amande l'améliorera.

NB — Voir remarques re-louche dans la recette précédente.

AMANDE ROCK.

10 livres Cassonade.
2 livres. Glucose.

6 livres Amandes douces.
3 litres d'eau.

PROCESSUS.- Nettoyez vos amandes en soufflant toute la poussière et le sable, choisissez les coquilles, dissolvez l'eau sucrée et le glucose; faire bouillir le tout pour craquer; verser le contenu sur une assiette huilée. Saupoudrer l'amande sur tout l'ébullition, secouer sur le lot quelques gouttes d'huile de citron; tournez d'abord les bords, puis faites bouillir le tout; mélanger et pétrir comme une pâte jusqu'à ce que toutes les amandes soient bien mélangées; aucun temps ne doit être perdu dans ce processus ou le sucre deviendra trop dur; une fois ferme, faites un long rouleau de l'ébullition entière, placez-la sur une planche de bois dur et coupez-la en fines tranches; il devra être maintenu en forme pendant la coupe, en retournant et en appuyant sur les côtés lorsqu'il devient plat; un grand couteau tranchant spécial est utilisé à cet effet. Une ébullition plus petite que celle ci-dessus devrait être essayée par les débutants, disons la moitié de la quantité. Cela peut être fait en divisant par deux les ingrédients.

FRENCH AMOND ROCK.

12 livres Sucre blanc.
3 livres Glucose.
6 livres Amandes douces blanchies.
4 litres d'eau.

PROCESSUS. - Faites bouillir le sucre, l'eau et le glucose de la manière habituelle jusqu'au degré de fissure faible, 305 par le thermomètre, puis détendez un peu la casserole du feu et laissez les amandes glisser doucement dans la masse. Utilisez un peu la spatule pour empêcher les amandes de coller au fond, en remuant légèrement dans un seul sens, puis regardez attentivement l'ébullition jusqu'à ce qu'elle prenne une couleur légèrement dorée; soulevez la casserole et versez le contenu dans les cadres. L'amande arrivera mieux dans les boîtes que dans les assiettes verseuses.

Bien sûr, une meilleure qualité est obtenue en ajoutant plus d'amandes, ou vice versa. L'amande après avoir été blanchie doit être étalée sur une boîte et séchée, soit sur la cuisinière, soit au four.

Bonbons aux framboises.

12 livres Sucre blanc.
3 livres Confiture de framboise.

2 litres d'eau.
Coloration rose brillante.

PROCESSUS. - Faire fondre le sucre dans l'eau et faire bouillir jusqu'à 250 billes; ajoutez la confiture de framboises et mélangez bien; retirer la casserole du feu, ajouter suffisamment de colorant pour faire une framboise brillante; frottez une partie du mélange avec une spatule contre le côté de la casserole jusqu'à ce qu'il change d'un opaque épais, puis remuez toute la masse jusqu'à uniformité. Versez soigneusement le contenu sur une dalle, recouverte de papier graissé; faire la feuille d'environ ½ pouce d'épaisseur, marquer en barres avec un couteau bien aiguisé et casser à froid.

ABRICOT CANDY.

6 livres Sucre blanc.
2 livres. Confiture ou pulpe d'abricot.
2 pintes d'eau.
Coloration au safran.

PROCESSUS. —Fondre le sucre dans l'eau et faire bouillir en boule, 250, ajouter la confiture ou la pulpe. Remuez bien jusqu'à ce que tout soit bien mélangé, retirez la casserole, frottez une partie du contenu contre le côté de la casserole avec une spatule jusqu'à ce que trouble et opaque; colorer au safran d'un jaune vif, puis mélanger le tout jusqu'à ce que le tout soit uniformément trouble; verser dans des cadres ou sur une dalle recouverte de papier huilé. Une pincée d'acide tartrique améliorerait la saveur, mais empêcherait souvent la confiture, à moins qu'elle ne soit entre les mains d'un expert. Dans tous les cas, l'acide doit être ajouté en une poudre fine après que le tout a été complètement grainé. Un couteau à palette est un couteau très utile pour frotter le sucre contre les parois de la casserole.

BONBON NOIX DE COCO MARRON.

14 livres Cassonade.
6 grosses noix de coco tranchées.
3 litres d'eau.

PROCESSUS. - Faire fondre le sucre dans l'eau et faire bouillir au degré de boule, puis ajouter les tranches de noix de coco, les remuer, retirer la casserole du feu et frotter le sucre contre le côté de la casserole jusqu'à ce qu'il devienne trouble, mélanger le tout jusqu'à ce que le le tout devient trouble et épais; transformer le lot en boîtes ou en plaques; marquer avec un couteau tranchant en carrés ou en barres. Quand le froid le brise aux marques. Préparez les noix de coco en les coupant en fines tranches avec un ragoût ou une machine. La peau brune est rarement écorchée pour ce bonbon noir.

BONBON À LA NOIX DE COCO BLANCHE.

14 livres Sucre blanc.
6 grosses noix de coco pelées et tranchées.
3 pintes d'eau.

PROCESSUS. - Décollez toute la peau brune des noix avec un couteau bien aiguisé; lavez-les et coupez-les en fines tranches. Faire fondre le sucre dans l'eau et porter à ébullition jusqu'à 250, ajouter les noix tranchées, en gardant l'ébullition bien agitée. Une fois bien mélangé, retirez la casserole du feu et commencez à grainer avec un couteau à palette ou une spatule jusqu'à ce que toute la masse devienne blanc opaque. Transformez maintenant le lot en cadres, ou sur la dalle recouverte de papier; marquez en barres de taille pratique, brisez une fois durci.

BONBON AU CHOCOLAT NOIX DE COCO.

10 livres Cassonade.
1 lb de cacao pur en bloc.
4 noix de coco râpées.
3 litres d'eau.

PROCESSUS. - Pour casser les noix, faites-le au-dessus d'une bassine et conservez tout le lait: épluchez toute la peau brune et coupez la noix en fines lamelles à la machine; dissoudre le sucre dans la casserole avec l'eau et le lait de coco, faire bouillir en boule, retirer un peu la casserole du feu, puis ajouter la noix avec le bloc de cacao pur, remuer le tout ensemble, le grain sur le côté de la casserole comme avant dirigé. Remuez le tout bien et transformez-le en cadres ou sur des assiettes verseuses.

NB - Le cacao pur doit avoir été préalablement fondu dans une casserole ou haché en petits morceaux. Dans ce dernier cas, il y a moins de déchets et la chaleur du sucre le ferait bientôt fondre.

Bonbons aux fruits.

7 livres Sucre blanc ou brun.
1 lb de groseilles nettoyées et séchées.
½ lb de raisins secs.
½ lb d'amandes douces.
2 pintes d'eau.
Coloration au safran.

PROCESSUS. - Mélangez les fruits qui auraient dû être débarrassés du sable et de la poussière; faire bouillir le sucre et l'eau au degré de boule, 250; retirer la casserole du feu; grainez doucement l'ébullition en frottant un peu de sirop contre le côté de la casserole jusqu'à ce qu'elle soit trouble, puis glissez-y les fruits et mélangez le tout, en ajoutant un peu de safran pour colorer un jaune vif. Vérifiez que la masse est devenue opaque, puis transformez le lot en cadres ou sur une dalle de coulée.

BONBONS, DIVERS.

Des fruits verts, séchés ou conservés, des amandes et des noix de presque toutes les descriptions, ainsi que des saveurs et des couleurs d'un goût agréable et d'une jolie teinte peuvent être utilisés dans la fabrication de bonbons. Le processus est exactement le même: les ingrédients peuvent être agencés en fonction de la fantaisie du fabricant et du palais de ses clients. Le champ de sélection de la variété semble inépuisable, de sorte que de nouveaux produits de cette classe devraient être introduits. lib. Aucun bon but ne pouvait être servi en donnant une procession de ces instructions simples, alors qu'avec peu de réflexion et de jugement, n'importe qui pouvait inventer un nouveau bonbon pour lui-même. Il pourrait être aussi bien d'ajouter qu'un peu de glucose ou de crème de tartre ajouté rendra les bonbons plus mous et peut être utilisé, si vous préfé-rez, dans chaque formule à raison de 2 livres. de glucose ou une cuillère à café de tartre à la crème à chaque 10 livres. de sucre.

MOTIFS DE ROULEAUX.

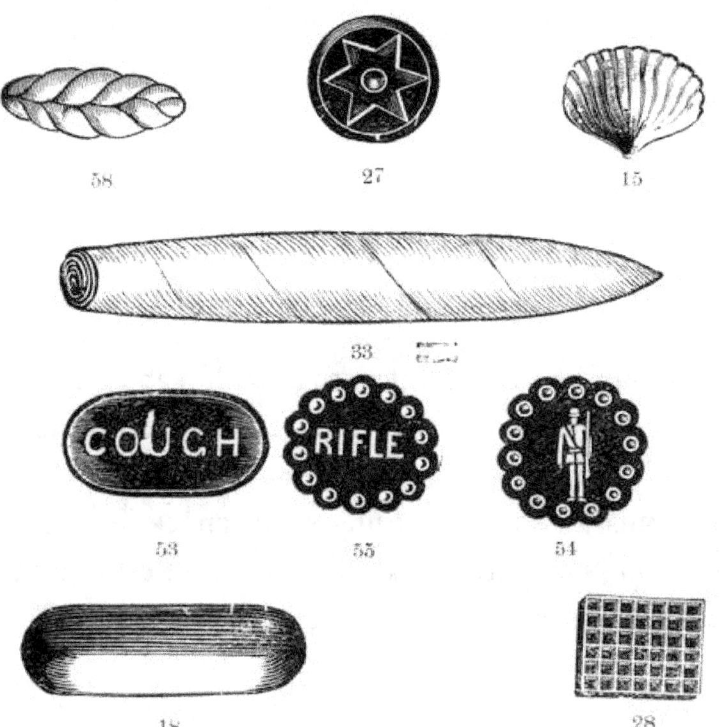

Non.		À lb.
1	Tom Thumb Drop	1000
2	Goutte de cassis	840
3	Goutte d'acide	500
4	Boule aigre	250
5	Boule aigre	180
6	Poisson	200
sept	Poisson	150
8	Poisson	120
9	Poisson	60
dix	Poisson	40
11	fraise	200
12	Framboise	200
15	coquille	200
16	Motto forfaitaire	200

17	Motto forfaitaire	120
18	Motto forfaitaire	80
27	Sceller la toux	200
28	Gaufre	180
33	Cigare	35
37	Coeur et main	100
38	Gland	209
42	Batton	200
53	Toux	120
54	Polka	200
55	Fusil	150
58	Pain torsadé	200

GOUTTES DE SUCRE D'ORGE.

14 livres Sucre blanc.
3 livres Glucose.
4 litres d'eau.
¼ oz. Huile de citron.
Coloration au safran.

PROCESSUS.—Mettez le sucre et l'eau dans une casserole, placez-le sur le feu en remuant de temps en temps jusqu'à ce que le sucre soit dissous, puis ajoutez le glucose, soit ¼ oz. crème de tartre - l'un ou l'autre fera l'affaire, mais n'utilisez pas les deux - placez le couvercle sur la casserole et laissez bouillir pendant dix minutes environ, (le couvercle est mis à la vapeur sur les côtés de la casserole et gardez-la propre et exempte de granulation); retirez le couvercle et mettez le thermomètre en immergeant la partie inférieure dans le liquide bouillant. Laisser bouillir le tout jusqu'à ce qu'il atteigne le degré de fissure, 300; teinter avec du safran, puis versez le contenu sur une assiette verseuse préalablement huilée; saupoudrez-y quelques gouttes d'huile de citron, retournez les bords au fur et à mesure qu'il commence à refroidir: puis retournez-le, pétrissez-le dès que vous pouvez le manipuler: s'il est sur une plaque fraîche, vous devez être assez intelligent ou il deviendra trop difficile. Dès qu'il devient suffisamment rigide, coupez de petits morceaux pratiques et passez dans la machine à sucre d'orge; une fois refroidis, secouez-les bien dans un tamis rugueux pour les débarrasser des restes de machine; les gouttes sont alors prêtes pour la mise en bouteille. Le sucre en poudre n'est généralement pas mélangé à ces gouttes.

GOUTTES DE POIRE.

14 livres Sucre blanc.
3 livres de glucose.
¼ oz. Essence de poire.
1 once Acide tartrique.
2 litres d'eau.
Coller, couleur rouge.

PROCESSUS. -Dissoudre le sucre dans l'eau, ajouter le glucose, porter le tout au degré de craquelure, verser le contenu sur la dalle, frotter avec une petite pâte de couleur rouge dans un coin de l'ébullition pour colorer rose clair, monter le bords, ajoutez l'acide en poudre en un petit tas, versez sur l'acide l'essence de poire et mélangez soigneusement à travers toute la masse en pétrissant: lorsque le lot est suffisamment rigide, couper en petits morceaux et passer à travers les rouleaux de poire; à froid, tamiser et mélanger du sucre glace entre eux et mettre en bouteille.

GOUTTES DE FRAMBOISE.

14 livres Sucre blanc.
2 litres d'eau.
3 livres Glucose.
½ oz. Essence de framboise.
1 once Tartrique.
Coloration, rose brillante.

PROCESSUS. - Faire fondre le sucre dans l'eau, ajouter le glucose et faire bouillir le tout jusqu'à craquer; verser l'ébullition sur une plaque froide, frotter un peu de pâte de cerise pour colorer, remonter les bords, mettre l'acide en poudre en un petit tas, verser sur l'acide l'arôme de framboise et pétrir le lot jusqu'à ce que bien mélangé et adapté à la machine. Couper en morceaux et passer dans les rouleaux de framboises; tamiser, dépoussiérer et mettre en bouteille à froid.

COMPRIMÉS D'AMANDE.

14 livres Cassonade.

3 livres de glucose.

Arôme de citron.

2 livres. Amandes, hachées.

4 litres d'eau.

PROCESSUS.- Faire bouillir le sucre, le glucose et l'eau, comme indiqué, au degré de fissure; verser l'ébullition sur huilé [Pg 42]assiette, saupoudrez l'amande dessus avec quelques gouttes d'huile de citron, pétrissez le tout ensemble jusqu'à ce qu'il soit ferme, coupez les petits morceaux et passez à travers les rouleaux à comprimés.

GOUTTES DE POMME DE PIN.

14 livres Sucre blanc.

3 livres Glucose.

4 litres d'eau.

1 once Acide tartrique.

Coloration au safran.

¼ oz. Essence de pomme de pin.

PROCESSUS. - Faire bouillir le sucre, le glucose et l'eau, comme indiqué précédemment, au degré de fissure 310; ajoutez à ébullition la pâte de safran après l'avoir versée sur la dalle: sur la dalle, ajoutez l'acide et l'essence d'ananas; pétrir le tout ensemble; lorsqu'il est assez rigide, couper en morceaux et passer à travers le rouleau d'ananas.

COMPRIMÉS DE COCOANUT.

14 livres Sucre blanc.

3 livres Glucose.

1 lb de noix de coco desséchée.

4 litres d'eau.

PROCESSUS. - Faire bouillir le sucre, l'eau et le glucose au degré de craquelure; verser sur une plaque et saupoudrer la noix de coco séchée à ébullition, parfumer avec du citron, mélanger et passer à travers les rouleaux de comprimés.

GOUTTES D'ACIDE ET COMPRIMÉS.

14 livres Meilleur sucre blanc.
¾ oz. Crème tartare.
Arôme de citron.
4 litres d'eau.
125 grammes. Acide tartrique.

PROCESSUS. —Mettre le sucre et l'eau dans une casserole propre et claire et porter à ébullition, ajouter la crème de tartre, placer le couvercle sur la casserole et faire bouillir pendant dix minutes: retirer le couvercle et mettre dans le thermomètre, faire bouillir sur un feu vif au degré de fissure: verser aussitôt sur une dalle propre et graissée: une fois assez froide, retourner sur les bords et replier l'ébullition, puis ajouter l'acide qui a été finement en poudre, avec quelques gouttes de citron; pétrir le tout jusqu'à ce qu'il soit ferme et passer à travers des rouleaux à gouttes ou à comprimés; casser à froid et saupoudrer de sucre en poudre, peser et mettre en bouteille.

NB - Nous entendons le terme «sucre blanc» pour inclure le pain, la pâte hollandaise, les granulés ou le cristal; n'importe lequel de ceux-ci de bonne qualité répondra à l'objectif.

GOUTTES DE TOUX BRUN.

14 livres Cassonade.
3 livres Glucose.
3 onces Acide tartrique.
½ oz. Huile d'anis.
¼ oz. Huile de girofle.
¼ oz. Huile de menthe poivrée.
2 oz. Herb Horehound.
5 pintes d'eau.

PROCESSUS. - Faites d'abord bouillir le marrube dans l'eau dix minutes, puis filtrez; ajoutez la liqueur au sucre et au glucose, et faites bouillir comme pour les autres gouttes pour casser 310; verser sur une dalle huilée; remontez les bords et pliez à ébullition, puis mettez l'acide tartrique en un petit tas sur l'ébullition, et versez dessus l'anis, le clou de girofle et la menthe poivrée, pétrissez le tout en mélangeant bien les saveurs jusqu'à ce qu'elles soient suffisamment fermes pour passer à travers la machine rouleaux anti-toux.

NB - La cassonade doit être de bonne qualité d'ébullition.

GOUTTES DE TOUX LÉGÈRE.

14 livres Sucre blanc.
3 livres Glucose.
3 onces Acide tartrique.
½ oz. Essence contre la toux.
½ oz. Huile d'anis.
4 pintes d'eau.

PROCESSUS. - Faire bouillir le sucre, le glucose et l'eau comme indiqué précédemment au degré de fissure, 310; verser sur une dalle graissée; faites d'abord bouillir, puis ajoutez de l'acide en poudre, de l'essence contre la toux et de l'huile d'anis; bien mélanger jusqu'à ce que vous soyez prêt pour la machine et passer à travers les rouleaux anti-toux; briser, tamiser et saupoudrer de sucre en poudre.

NB - Nous en avons presque assez dit sur les chutes de machines simples; ils sont tous pratiquement identiques, la couleur, la saveur et la forme étant différentes. Consultez *notre* liste pour les *couleurs* et les *saveurs* , *les machines à confiseries* et les *rouleaux* .

GOUTTES DE TOUX DE TAR.

1 once Les feuilles de rose séchées bouillir dans 1 gallon d'eau à un demi-gallon, filtrer et mélanger avec 10 livres de sucre, 21 livres de glucose et 1 once. Tarte égouttée, bouillir jusqu'à la fissure et finir comme pour les autres gouttes.

BÂTONNETS DE CHOCOLAT IMITATION.

8 livres Sucre blanc.
2 livres. Glucose.
Arôme vanille.
3 pintes d'eau.
1 once Acide tartrique.

PROCESSUS.- Placer la casserole contenant le sucre et l'eau sur le feu, incorporer le glucose et porter le lot au degré de fissure faible, 300; verser sur la plaque, remonter les bords, replier sur l'ébullition et ajouter l'acide et la vanille; lorsqu'il est bien mélangé et suffisamment rigide pour manipuler, puis tirez sur le crochet jusqu'à ce qu'il soit blanc brillant: retirez-le de la dalle et roulez-le en tiges d'environ un demi-pouce d'épaisseur; à froid, coupez-les en petites longueurs égales et trempez-les dans une pâte de chocolat fondue, composée de ½ lb de cacao pur en bloc, ½ lb de sucre moulu et 3 oz. saindoux ou beurre de cacao (sans eau). Faites fondre ces ingrédients dans un récipient en le plaçant sur la plaque du four chaud (pas trop près du feu), remuez jusqu'à ce que tout soit dissous et incorporé, puis trempez les bâtonnets dans ce mélange séparément, en les retirant immédiatement et en les déposant sur des cadres métalliques pour qu'ils sèchent.

BÂTONNETS AU CHOCOLAT NOIX DE COCO.

8 livres Sucre blanc.
2 livres. Glucose.
Noix de coco desséchée.
3 pintes d'eau.
125 grammes. Pure Cocoanut.

PROCESSUS. - Faire bouillir le sucre, l'eau et le glucose comme indiqué au degré de fissure faible, 300; verser sur une dalle huilée: couper un tiers pour tirer; ajoutez aux deux tiers restants le cacao pur et mélangez-le; tirez le plus petit morceau sur le crochet jusqu'à ce qu'il soit blanc et brillant; étalez le sucre solide et déposez-le au centre en l'enveloppant uniformément puis roulez en bâtonnets de 1 pouce d'épaisseur; à froid, couper en longueurs pour faire une fine solution de gomme ou de gélatine, mouiller la surface de chaque bâton et rouler dans du cacao séché; une fois secs, ils sont prêts à être vendus.

BÂTONNETS D'ACIDE.

Blanc clair.

10 livres Sucre blanc.
2 oz. Acide tartrique.
Arôme de citron.
½ oz. Crème tartare.
3 litres d'eau.

PROCESSUS. —Mettez le sucre et l'eau dans une casserole propre et claire, ajoutez la crème de tartre et faites bouillir brusquement jusqu'à une faible fissure, 300; verser le lot sur une dalle huilée; retourner les bords, replier l'ébullition, puis mettre de l'acide en poudre avec quelques gouttes de citron; pétrir le tout ensemble, en travaillant une extrémité jusqu'à un point; extrayez-la de l'épaisseur requise, sur toute la longueur de la plaque, coupez-la, puis faites une autre longueur de même, en répétant l'opération jusqu'à ce que l'ébullition soit montée; garder la première pièce en forme en les roulant de temps en temps pendant que le reste de l'ébullition est retiré et mis en forme. Lorsque l'ébullition est terminée et que les bâtonnets sont froids, coupez-les en longueurs avec des ciseaux. Un assistant est très utile pour garder les bâtons en mouvement pendant que l'ébullition est en cours d'élaboration ou ils peuvent devenir plats.

BÂTONNETS DE MENTHE POIVRÉE.

Marron foncé avec des rayures claires.

8 livres Cassonade.
2 livres. Glucose.
3 pintes d'eau.
Arôme de menthe poivrée.

PROCESSUS. - Apportez le sucre, le glucose et l'eau au degré de fissure de la manière habituelle; verser le lot sur la dalle; travailler dans les saveurs; coupez un morceau d'environ 1 ½ livre de l'ébullition et tirez-le sur le crochet jusqu'à ce qu'il soit léger et satiné, puis roulez le sucre tiré en un long bâton, coupez-le en six morceaux de longueur égale et posez-les sur le ébullition solide dans le sens de la longueur et à des distances égales à part, puis roulez l'ébullition en forme, abaissez une extrémité à un point; tirer en longueurs pratiques, torsion les pour que les rayures forment une jolie spirale autour du bâton.

NB - Pour les rayures dans ce cas, le sucre blanc est souvent utilisé et a une meilleure apparence, mais pour ce faire deux casseroles sont nécessaires, l'une peut être une petite casserole pour faire bouillir deux livres. Le sucre blanc est bouilli séparément de la manière ordinaire, sinon, le processus serait exactement comme décrit.

BÂTONNETS DE CITRON.

Centre jaune tiré avec boîtier jaune.

8 livres Sucre blanc.
2 livres de glucose.
Couleur de pâte jaune.

3 pintes d'eau.
Essence de citron.

PROCESSUS. - Faire bouillir le sucre, le glucose et l'eau jusqu'à une faible fissure; verser le lot sur une dalle huilée; travailler la couleur et la saveur; couper un tiers et passer l'hameçon jusqu'à ce qu'il ait un aspect satiné jaune vif; retirez-le du crochet; étalez le sucre ordinaire et déposez-le au centre; cas il bien tout autour avec solide, puis commencez à rouler; ramener une extrémité à l'épaisseur requise; tirer dans des bâtons aussi longtemps que possible, lorsque la coupe à froid dans les longueurs requises.

BÂTONNETS ORANGE.

Corps blanc tiré avec une large bande rouge et deux fines rayures orange.

8 livres Sucre blanc.
2 livres. Glucose.
3 pintes d'eau.
Coloration rouge.
Huile d'orange.
Acide tartrique.

PROCESSUS. - Faire bouillir le sucre, le glucose et l'eau jusqu'à la fissure faible, 300; verser le lot sur la dalle; couper environ un tiers de l'ébullition; divisez-le en deux morceaux; colorer une partie d'un rouge foncé et l'autre d'un orange foncé; mélangez rapidement les couleurs et placez-les de côté sur un morceau de bois dans un endroit chaud jusqu'à ce que vous le vouliez; mettez maintenant l'acide et l'arôme dans la plus grande partie de l'ébullition et tirez sur le crochet jusqu'à ce qu'il soit blanc et spongieux; retirez-le de la plaque, puis prenez le morceau de sucre rouge et tirez-le d'environ 18 pouces de long et 2½ pouces de large; déposez-le au centre du sucre tiré, puis prenez le morceau de sucre orange et retirez-le d'environ 3 pieds, la moitié de l'épaisseur du rouge, coupez-le en deux et placez-en un de chaque côté du rouge, à environ deux pouces de celui-ci , rouler, tordre et retirer l'épaisseur reconnue; à froid, coupez en longueurs.

BÂTONNETS DE CANNELLE.

Corps rose clair avec quatre fines rayures blanches.

6 livres Sucre blanc.
2 livres. Glucose.
Saveur de cannelle.
3 litres d'eau.
Couleur de pâte de cerise.

PROCESSUS. - Apportez le sucre, le glucose et l'eau à la fissure et versez; coupez le morceau et tirez-le en blanc: colorez le corps en rose clair, ajoutez de la saveur, préparez les quatre bandes comme indiqué précédemment, posez-les sur le sucre transparent, à égale distance les unes des autres, étalez-les en longueurs et coupez-les à froid.

BÂTONNETS DE CLOVE.

Presque transparent avec une teinte de rouge, rayé de rayures blanches et rouges en alternance.

8 livres Sucre.
2 livres. Glucose.
3 litres d'eau.
Couleur de pâte de cerise.
Huile de girofle.

PROCESSUS. - Faire bouillir le sucre, le glucosc et l'eau à 300; verser sur la dalle huilée; coupez une petite portion, divisez-la en deux, colorez-en une en rouge foncé, tirez les deux bandes et posez-les en alternance sur le sucre solide, formez l'ébullition en un rouleau, abaissez une extrémité, généralement l'extrémité gauche, jusqu'à un certain point; tirez en longues longueurs et tournez; à froid avec des ciseaux à la taille.

BÂTONNETS DE FRAMBOISE.

Centre blanc tiré, enveloppé de rouge et rayé de six fines rayures blanches.

8 livres Sucre blanc
2 lbs. Glucose.
3 litres d'eau.
Couleur de pâte rouge cerise.
Essence de framboise.

PROCESSUS. - Faire bouillir le sucre, le glucose et l'eau pour casser 300; verser le lot sur une assiette; couper en deux et colorer une moitié en rouge, puis aromatiser les deux moitiés avec de l'essence (framboise et un peu d'acide tartrique); tirez une moitié sur le crochet et coupez-en un tiers et mettez-le de côté; mettez les deux autres tiers au centre du sucre solide rouge et mettez-le autour; maintenant, étalez le morceau restant de sucre en poudre en six longueurs d'égale épaisseur et à distance l'une de l'autre sur le dessus de l'ébullition enveloppée; dérouler la balle à l'épaisseur requise, la tordre et la couper en longueurs lorsqu'elle est froide.

BÂTONNETS DE SUCRE D'ORGE TWISTED.

Fait main.

8 livres Sucre blanc.
2 livres. Glucose.
3 litres d'eau.
Arôme de citron.
Couleur safran.

PROCESSUS.- Mettez le sucre et l'eau dans une casserole claire et claire et portez à ébullition, puis ajoutez le glucose: mettez le couvercle pendant cinq minutes, continuez à bouillir comme d'habitude jusqu'à ce qu'il atteigne le crack 300; maintenant, ajoutez suffisamment de colorant pour teinter une couleur dorée et versez soigneusement l'ébullition sur la plaque lisse, de sorte que la feuille de sucre ne dépasse pas le huitième de pouce d'épaisseur. Lorsque la feuille est partiellement prise, coupez-la en bandes d'un pouce de large et sur toute la longueur de la feuille avec des ciseaux. Laisser un assistant prendre en charge les bandes et les tordre en saisissant une extrémité dans chaque main et les tourner dans des directions opposées, formant une colonne en spirale; à froid, coupez les longueurs requises et pesez et embouteillez soigneusement. Pour fabriquer ces marchandises, les opérateurs doivent être très rapides dans leurs mouvements. La dalle doit être chaude sur laquelle le sucre est versé,

YEUX DE TAUREAU DE MENTHE POIVRÉE.

Pour les gouttes en coin coupées à angle, noir avec des rayures blanches.

8 livres Cassonade.
2 livres de glucose.
3 litres d'eau.
Saveur de menthe poivrée.

PROCESSUS. —Le processus est exactement le même que pour le bâton de menthe poivrée, à savoir; faire bouillir l'eau sucrée et le glucose à faible fissure, 300; verser l'ébullition sur une assiette huilée, parfumer à la menthe poivrée et bien travailler; dans une casserole plus petite, deux livres de sucre blanc, avec la proportion habituelle de crème de tartre et d'eau bouillie au même degré; tirez-le sur le crochet jusqu'à ce qu'il soit blanc et poreux; retirez-le de la plaque et travaillez-le en longueurs d'environ un pouce d'épaisseur; posez-les en long sur l'ébullition solide, à égale distance l'un de l'autre; faire bouillir le tout en un rouleau épais, en ramenant une extrémité à un point; tirez comme pour des bâtons d'un cent, mais plus épais; puis avec des ciseaux, coupez-les en morceaux d'environ un pouce de long. Tenez les ciseaux dans la main droite, le sucre dans la gauche; chaque fois que vous faites un clip, tournez le sucre à moitié, de sorte que les coins de chaque coussin soient à des angles opposés.

BULL'S EYES, (Divers.)

La formule donnée pour les différents types de bâtonnets de sucre répondra à la variété des yeux de taureau. Le processus et les ingrédients sont exactement identiques. Les bâtonnets peuvent ou non être étirés un peu plus épais, selon la taille de goutte requise. La crème de tartre peut remplacer le glucose dans toutes les recettes données pour les produits bouillis. Le sucre n'est pas bouilli aussi haut pour les produits à main ou le sucre tiré que pour les gouttes de machine; étant un peu plus bas, il fonctionne mieux, reste plus souple et est moins cassant à froid.

BOULES RONDES.

8 livres Sucre.
2 livres. Glucose.
Couleur.
3 litres d'eau.
Saveur.

PROCESSUS. - Faire bouillir le sucre, l'eau et le glucose de la manière habituelle jusqu'à une fissure faible, disons 300; verser l'ébullition sur la plaque, colorer et aromatiser au goût; travailler le lot jusqu'à ce qu'il soit raide, puis rouler l'ébullition en rond, en abaissant une extrémité à un point comme indiqué pour les bâtonnets, le retirer en longueurs d'environ trois pieds et d'environ un pouce d'épaisseur; couper en morceaux avec le " JACKSON BALL CUTTER " et rouler avec la main. Un assistant expert est nécessaire pour cette opération, car les balles doivent être façonnées à chaud et maintenues en mouvement jusqu'à froid.

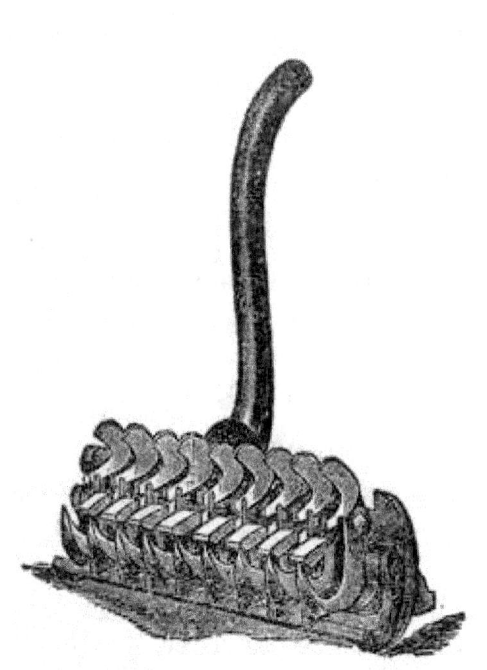

COUPE-BILLES JACK-SON.

Cette coupe représente notre coupe-balle amélioré, ou presse, qui ne coupe qu'une balle de taille unique; l'amélioration consiste en une barre à doigts, actionnée par une came, de sorte qu'à chaque fois que la poignée est soulevée, les doigts jettent les balles entre les couteaux.

Fig 211 a.

Non. 1 Coupures 8 balles, 1⅛ pouce   diamètre (avec Fingerbar)
"   2 "   11 balles, 13 à 16 pouces "   "
"   3 "   9 balles, 1 pouce   "   "   } 15 00 $

Jackson Ball Cutter.

Cette machine a deux couteaux en acier et est régulée par une jauge, de sorte qu'elle coupe des boules de toutes tailles.

Prix, 5 00 $

Fig. 210 a.

Cette recette générale s'appliquera à toutes les boules. Pour plus de détails sur le tirage, le rayage, l'enveloppe et la variété, le lecteur est renvoyé aux différents procédés don-

50

nés pour les bâtons et les yeux de taureau. Ils sont tous fabriqués et finis de cette manière. Pour les petites tailles, retirez les longueurs plus fines; pour les grandes tailles, plus épais.

Faire joliment les différentes balles rayées nécessite de la pratique et une bonne partie de celle-ci. Aucun apprentissage du livre n'enseignera à ceux qui sont tout à fait ignorants de l'ébullition du sucre; mais en même temps, si le lecteur a maîtrisé le processus plus simple au début du livre, il est tout à fait capable de le comprendre et d'élaborer ses propres idées de cette manière; mais les balles faites à la main ne doivent pas être tentées tant que l'apprenant n'est pas sûr de pouvoir gérer une ébullition facilement et rapidement, car il n'y a pas le temps de réfléchir après que le sucre est sur la plaque. La manipulation doit maintenant avoir été acquise dans une certaine mesure pour permettre à l'opérateur de procéder comme par instinct.

ROSE BUDS.

8 livres Sucre blanc.
2 livres de glucose.
5 ou 6 gouttes d'Otto de roses.
3 litres d'eau.
Couleur de pâte de cerise.

PROCESSUS. - Faire bouillir le sucre, le glucose et l'eau au degré de fissure 300, verser sur une plaque huilée, couper environ un tiers pour tirer, colorer le plus gros morceau d'un rouge profond et parfumer avec otto de roses; tirez le plus petit morceau sur le crochet jusqu'à ce qu'il soit blanc; étalez le plus gros morceau, déposer le sucre au centre, en l'enveloppant soigneusement, passer à travers de petits rouleaux à gouttes d'acide.

NB — Tournez l'ébullition sur son bord chaque fois que vous coupez un morceau pour la machine, afin de garder le sucre tiré le plus près possible du centre.

MÛRER LES POIRES.

8 livres de sucre.
2 livres. Glucose.
3 litres d'eau.
1 once Acide tartrique.
Rouge cerise.

Couleur de pâte jaune.

¼ oz. Essence de poire.

PROCESSUS. - Faire fondre le sucre dans l'eau, ajouter le glucose et porter à 305; verser sur une plaque, couper le lot en trois parties égales, parfumer avec de l'essence de poire, avec un peu d'acide, colorer une partie en rouge foncé et une jaune foncé, tirer la troisième partie sur le crochet et la placer entre les pièces jaune et rouge de sorte qu'un côté soit jaune et l'autre rouge vif; couper en tailles pratiques et passer à travers de grands rouleaux de poire. Ces produits sont vendus nature ou cristallisés.

JOUETS DE SUCRE BOUILLI.

Consultez notre stock de moules à jouets transparents, dont la liste est envoyée sur demande. Ils peuvent être amenés à produire toutes sortes de personnages, tels que des chiens, des chats, des éléphants, etc. Ils sont très populaires parmi les enfants et se vendent bien dans certains quartiers, et font de beaux profits. Les moules sont généralement réalisés en deux parties; ils doivent être bien huilés; le sucre bouillit comme des gouttes. Remplir les moules sont pleins, et juste avant que la masse ne durcisse, versez autant de sucre qu'il en coulera; cela ne laissera qu'un mince revêtement qui s'accroche aux côtés des formes et sortira facilement lorsque le moule sera séparé, alors vous aurez les figures complètes mais creuses. Les sifflets de sucre bouilli sont fabriqués exactement de la même manière.

POUR CRISTALISER DES PRODUITS DE SUCRE BOUILLI.

Plusieurs descriptions de sucres bouillis sont vendus cristallisés, qui sont très jolis et résistent mieux à l'atmosphère. Le processus est très simple et peut être effectué sans problème. Quand les gouttes ont été faites et durcies, brisez-les et tamisez-les bien dans un tamis grossier, secouez-les maintenant sur une casserole qui est en ébullition, pour qu'elles soient humidifiées par la vapeur, et jetez-les dans un tas de sucre cristallisé; Mélangez-les bien pour que le sucre adhère uniformément aux gouttes: maintenant, tamisez-les à nouveau du sucre et elles sèchent en quelques minutes et seront prêtes à être emballées. Une autre méthode est, lorsque les gouttes ont été préparées et tamisées, d'avoir une fine solution de gomme ou de gélatine et de la secouer dessus et de les frotter toutes ensemble jusqu'à ce qu'elles soient entièrement humides; jetez maintenant sur eux suffisamment de sucre cristallisé pour les enrober et mélangez-les; une fois sec, tamiser à nouveau et emballer.

NB —- Lorsqu'ils sont cristallisés, les produits doivent être chauds et non chauds, si-non ils vont devenir des bonbons. Les grosses poires françaises doivent être cristalli-sées par ce dernier procédé et avoir presque froid pendant l'opération; étant volumi-neux, ils conservent longtemps la chaleur, et ont donc une grande tendance au grain.

IMITATION MAÏS INDIEN.

8 livres Sucre blanc.
2 livres. Glucose.
Couleur jaune.
3 pintes d'eau.
Arôme de citron.

PROCESSUS. - Faire bouillir le sucre, le glucose et l'eau jusqu'à une fissure faible, 305; verser l'ébullition sur une plaque, parfumer au citron et colorer jaune; coupez cette ébullition en deux et tirez la moitié sur le crochet; rouler la moitié tirée en lon-gueurs de la taille d'une gousse de maïs; maintenant, mettez le sucre jaune ordinaire à travers les rouleaux tombants Tom Thumb, en desserrant un peu les vis, et soulagez le sucre tiré avec des feuilles de la machine; si cela est fait avec soin, le résultat sera une bonne imitation du vrai maïs indien.

BOULES DE POPCORN.

Rôtir les baies de maïs sur un feu sans fumée dans un popper de maïs (obtenez notre prix pour les poppers de maïs); continuez à secouer jusqu'à ce que chaque baie ait éclaté; faire bouillir suffisamment de sucre et d'eau au degré de plume, 245; ajouter à chaque 7 livres. sirop, quatre onces de gomme arabique dissoute; mouillez le maïs soufflé dans ce sirop et roulez-les dans du sucre fin pulvérisé jusqu'à ce qu'il soit enro-bé de partout, puis mettez-les de côté; une fois sec, répétez le processus d'enrobage de la même manière jusqu'à ce qu'ils aient pris l'épaisseur de sucre désirée. Peser ou me-surer suffisamment de baies enrobées, selon la taille de la boule requise, les humidifier avec sirop fin, formez en partie la boule à la main, puis placez-la dans une presse à boules de pop corn et pressez fermement en forme, puis formez des boules de la ma-nière habituelle avec la presse à boules de pop corn.

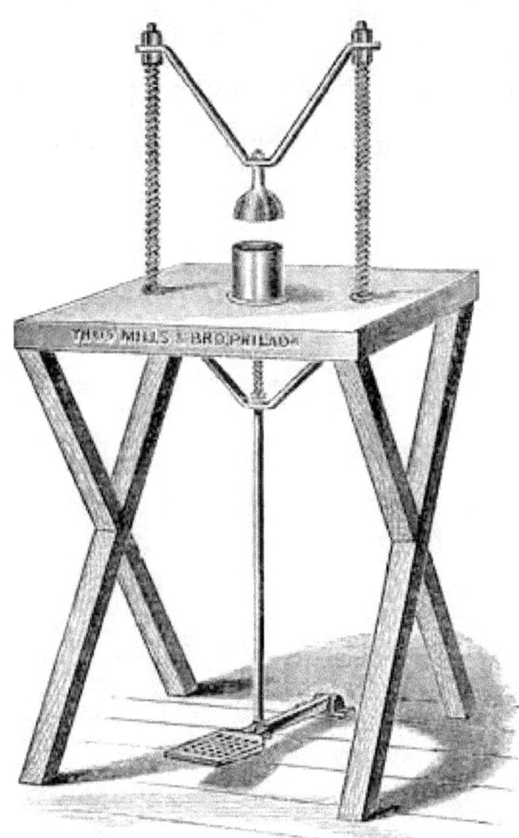

Fig. 208 a.

Presse à boules de maïs pop

Donne des boules de 3 ½ pouces de diamètre, a des coupelles en laiton haut et bas, disposées de manière à ce que la balle soit poussée hors de la coupe à chaque opération.

Toute boule de taille fabriquée sur commande.

Prix complet de n'importe quelle taille de balle, 35 00 $

BRIQUES POPCORN.

PROCESSUS. - Les baies de maïs sont préparées comme des boules; faire bouillir la cassonade dans la proportion de 8 livres. sucre et deux livres de mélasse en boule, 250; verser le sirop sur le maïs et bien les mélanger; presse les immédiatement dans des boîtes huilées. Le processus doit être fait rapidement et les graines pressées aussi étroitement que possible; lorsqu'ils sont froids, ils sont prêts à être vendus et peuvent être coupés à la taille avec un couteau bien aiguisé.

PRESSE À BILLE À MAIN POP CORN.

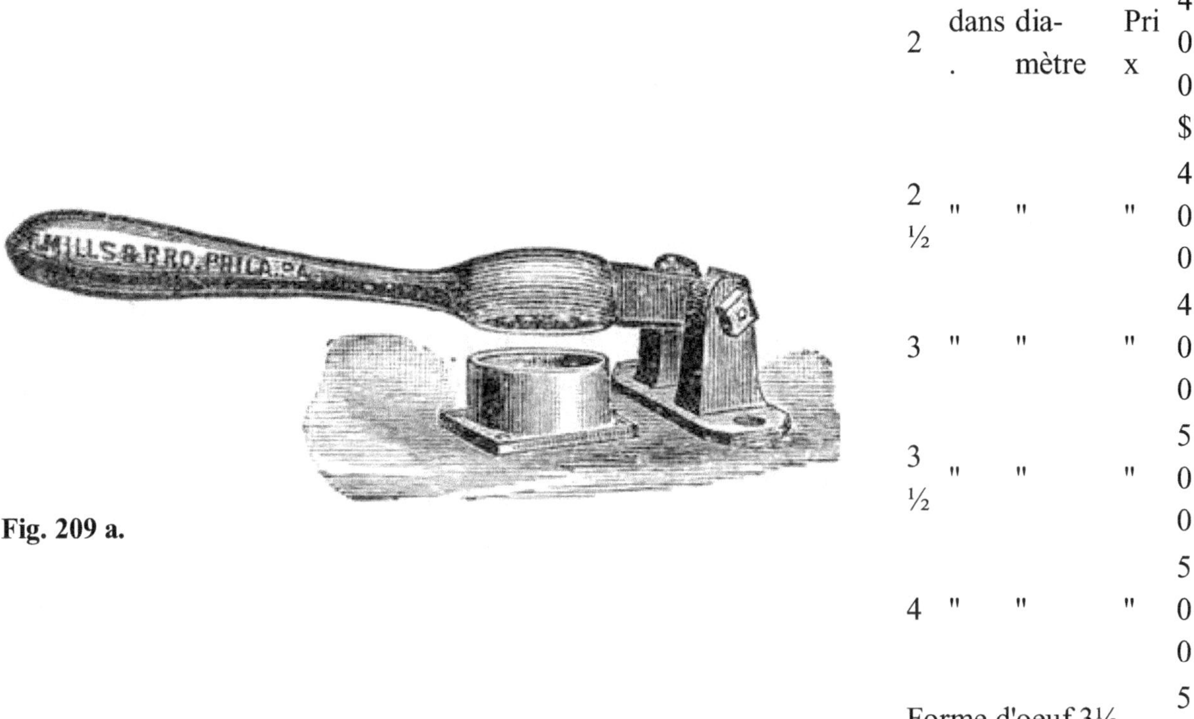

Fig. 209 a.

	dans dia-mètre	Pri x	
2 .	dans dia-mètre	Pri x	4 00 $
2½	" "	"	4 00
3	" "	"	4 00
3½	" "	"	5 00
4	" "	"	5 00
Forme d'oeuf 3⅛ × 2¼	"		5 00

GÂTEAUX POP CORN.

PROCESSUS. —Préparez le maïs comme pour les boules et emballez-les étroitement dans des moules carrés solides légèrement huilés avec de l'huile d'olive de la meilleure qualité; faire bouillir jusqu'à craquer, suffisamment de sucre brun et de glucose pour la quantité requise et verser le sirop chaud sur les pop corn, juste assez pour les faire adhérer. À froid, coupez-les avec un couteau tranchant de la taille.

MAÏS POPPERS — Fabriqués très résistants.

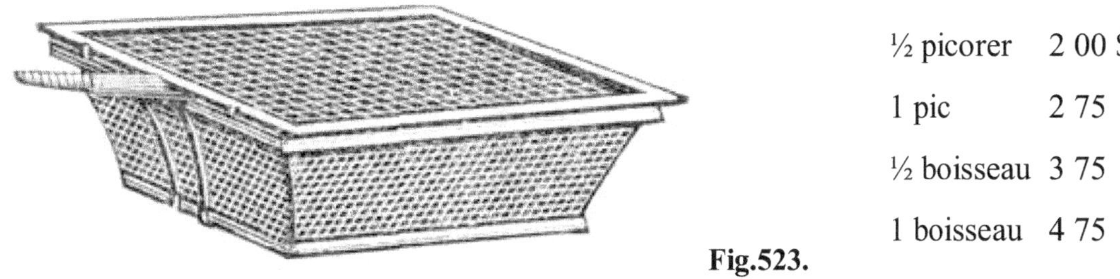

½ picorer	2 00 $
1 pic	2 75
½ boisseau	3 75
1 boisseau	4 75

Fig.523.

JAP NUGGETS NO. 1.

2 livres. Sucre blanc.
4 livres Glucose.
4 livres Noix de coco desséchée non sucrée.
Coloration jaune.
1½ lb Farine.
2 pintes d'eau.

PROCESSUS. —Mélanger les ingrédients dans une casserole en cuivre; faire bouillir à feu lent jusqu'à boule ferme, 250, en remuant tout le temps; ajouter du colorant à la fantaisie; lorsque vous êtes prêt, versez soigneusement sur une assiette huilée, en faisant environ un demi-pouce d'épaisseur; à froid, saupoudrer de sucre en poudre et découper avec un couteau bien aiguisé.

NB - Quelques barres de fer lâches sont utiles pour former un carré sur le plateau verseur, proportionnellement à la taille de l'ébullition; que l'épaisseur exacte de la feuille peut être déterminée.

BREVET CANDY CUTTER.

Pour couper les caramels, la noix de coco japonaise et toutes sortes de bonbons de bar.

Coupe toutes les épaisseurs jusqu'à un pouce et toutes les largeurs jusqu'à un pouce et quart.

Le lit mobile de la machine mesure 32 pouces de long et 9 pouces de large. Réduira 1500 livres de bonbons par jour.

L'une des machines polyvalentes les plus pratiques et les plus utiles qu'un homme puisse acheter.

Prix, 75 00 $

JAP NUGGETS NO. 2.

2 livres. Sucre blanc.
4 livres Bon brun.
5 livres Noix de coco desséchée.
7 livres Glucose.
2½ livres Farine.
3 pintes d'eau.

PROCESSUS.—Mettez le sucre, le glucose et l'eau dans la casserole; placez-le sur un feu lent; incorporer la noix de coco et la farina et faire bouillir en boule ferme, 255, en gardant bien agité. Verser sur une plaque huilée et couper à la taille; une fois pris, saupoudrer de sucre en poudre. Dans les grandes usines où ces bonbons sont fabriqués, les machines jouent un rôle important. En fait, la manipulation se fait pratiquement entièrement par mécanisme. Il y a le dessiccateur pour préparer les noix de coco, les casseroles à vapeur, qui sont équipées de batteurs tournant à l'intérieur, fixés avec des chaînes et des poids pour les soulever, afin que les bidons puissent être vidés et nettoyés sans problème; également des plaques pour dérouler des feuilles à la taille, et des machines de découpe qui coupent les pépites de n'importe quelle taille, la machine étant agencée de telle sorte qu'en modifiant simplement un cliquet sur une roue à rochet, la taille des pépites est déterminée. Là où cet arrangement élaboré existe, notre formule ne serait ni souhaitable ni nécessaire, et nous ne prétendons pas non plus suggérer ou conseiller. Cependant, beaucoup de tonnes sont fabriquées dans l'atelier d'ébullition ordinaire avec les appareils et commodités habituels, et c'est d'aider les personnes ainsi situées est l'objet principal de ce livre.

JAP NUGGETS NO. 3.

4 livres Bon sucre brun.
3½ livres Glucose.
3 pintes d'eau.
4 livres Noix de coco desséchée non sucrée.
2 livres. Farine.

PROCESSUS. —Comme auparavant, une coloration brune doit être utilisée si nécessaire sombre; cela rend les marchandises plus riches; lorsque l'ébullition est coupée, les pépites doivent être jetées dans du sucre pulvérisé.

VANILLE NOUGAT (commun.)

12 livres Sucre blanc.
3 livres glucose.
½ oz. Essence de vanille.
4 livres Amandes douces petites.
3 litres d'eau.

PROCESSUS.—Mettez le sucre, le glucose et l'eau dans une casserole propre, placez-le sur un feu vif et remuez jusqu'à dissolution; puis mettez le couvercle et laissez bouillir pendant cinq ou six minutes; maintenant, retirez le couvercle et continuez à bouillir au degré de boule molle; versez maintenant le contenu sur une dalle humide (sur laquelle de l'eau a été arrosée); une fois refroidi, prenez une longue spatule plate et travaillez le sucre jusqu'à ce qu'il devienne blanc et crémeux; ajoutez maintenant les amandes (préalablement blanchies et séchées), ainsi que l'essence de vanille; continuer à travailler le tout jusqu'à l'obtention d'une consistance uniforme; maintenant, étalez la masse sur du papier gaufré en feuilles d'un pouce d'épaisseur, couvrez les feuilles de papier gaufré, en roulant le dessus en douceur; une fois réglé, coupé en barres. Si la crème est un peu fine, ajoutez du sucre glace lors du mélange; si bouilli correctement, ce n'est pas nécessaire.

CONFISERIE DE CRÈME GLACÉE.

Faire bouillir 7 livres. de sucre à pain avec trois pintes d'eau: ajoutez une petite cuillerée à café de crème de tartre, laissez bouillir 10 minutes, puis ajoutez une livre de beurre frais: il commencera alors à mousser, et il faut faire attention à ce que la casserole est suffisamment grand, car le sirop occupera deux fois plus d'espace que s'il n'y avait pas eu de beurre ajouté; faire bouillir ce mélange au degré de fissure très faible, ou 285 par le thermomètre, à quel point c'est fait; versez-le sur la dalle, qui a bien sûr été préalablement graissée. Dès qu'il commence à refroidir, retournez-le et pétrissez-le jusqu'à ce qu'il devienne suffisamment rigide pour passer le crochet. Lorsque vous êtes sur le crochet, tirez-le fort jusqu'à ce qu'il devienne blanc comme neige. Ce blanc est généralement parfumé à la vanille ou à l'huile de citron. Il peut être retiré en barres ou laissé dans le tas. Il est très facilement cassé en petits morceaux à des fins de vente au détail. En été ou par temps chaud, gardez ce bonbon à l'abri de l'air, sinon il aura tendance à être collant. Cela mange très riche et commande une bonne vente aux meilleurs prix.

CONFISERIE DE CRÈME GLACÉE À LA FRAMBOISE ET FRAISE.

Ceci est fait exactement comme le dernier avec l'ajout d'un peu de couleur rouge avant que l'ébullition ne soit versée, ou il peut être coloré sur la dalle; ajoutez un peu d'essence de framboise ou de fraise et une pincée d'acide tartrique juste avant de faire bouillir. Colorez la framboise un peu plus profondément que la fraise.

CRÈME GLACÉE AU CHOCOLAT.

Pour faire de la glace au chocolat, faites bouillir les mêmes quantités qu'auparavant exactement de la même manière dans tous les détails. Une fois le sucre retiré, bien y incorporer ½ lb de chocolat en poudre; pétrir bien pour que le chocolat soit bien mélangé avec le sucre. Mettez suffisamment de chocolat pour donner à l'ébullition une couleur brun foncé, sinon elle serait trop claire une fois tirée.

CARAMELS À LA VANILLE.

8 livres Sucre blanc.
2 livres. Glucose.
1 lb de beurre frais.
2 boîtes de lait condensé.
2 pintes d'eau.
Arôme vanille.

PROCESSUS. - Faire bouillir le sucre, le glucose et l'eau au degré de boule 250; retirer un peu la casserole du feu, ajouter le lait et le beurre, ce dernier coupé en petits morceaux et bien incorporer à la spatule en bois jusqu'à ce que le tout soit bien mélangé, puis porter doucement la masse à ébullition et verser sur une plaque graissée, faire la feuille d'environ ½ pouce d'épaisseur; une fois pris, couper avec un coupe-caramel, et à froid séparer les carrés et les envelopper dans du papier ciré.

CARAMELS DE COCOANUT.

8 livres Sucre.
2 livres. glucose.
1 lb de beurre frais.
1½ lb Noix de coco desséchée, non sucrée.
2 boîtes de lait condensé.
2 pintes d'eau.

PROCESSUS. —Fondre le sucre dans l'eau, ajouter le glucose et porter à ébullition jusqu'à la boule 250; retirer la casserole sur le côté, puis incorporer le beurre, le lait et la noix de coco, porter à ébullition, verser sur plaque ou dans des cadres d'environ ½ pouce d'épaisseur; une fois mis marque avec un coupe caramel; à froid, séparer et envelopper dans du papier ciré.

RÂPE DE COCOANUT À MOTIF DE REVÊTEMENTS

Extra fort, deux râpes. Pinces à table ou banc, 1 50 $

Fig. 21.

Coupe-citron et noix de coco.

N ° 1 Grand prix, 1 20 $

Un slicer très pratique et utile. Durable et bon marché.

CARAMELS AUX FRAMBOISES.

8 livres Sucre.
2 livres. glucose.
1 lb de beurre frais.
Couleur rose brillante.
1 lb de pulpe ou de confiture de framboise.
2 boîtes de lait condensé.
2 pintes d'eau.

PROCESSUS. - Faire bouillir le sucre, le glucose et l'eau jusqu'à une fissure faible 250; retirer la casserole du côté du feu, ajouter [Pg 65]le lait, le beurre (coupé en petits morceaux) et la confiture; remuer le tout ensemble, replacer la casserole sur le feu; ajoutez suffisamment de colorant; continuez à remuer jusqu'à ce que le tout soit bouilli; verser, marquer avec le jeu, diviser et envelopper à froid.

CARAMELS DE NOIX.

8 livres Sucre blanc.
1 lb de noix décortiquées brisées en petits morceaux.
2 livres. Glucose.
1 lb de beurre frais.
Coloration au safran.
2 boîtes de lait condensé.
2 pintes d'eau.

PROCESSUS. - Comme ci-dessus, les caramels nécessitent une surveillance attentive et beaucoup d'agitation, l'ébullition étant susceptible de s'accrocher et de déborder; le feu ne doit pas être trop féroce; lorsqu'il fait trop chaud, mettez un fer à repasser sous un côté de la casserole pour l'éloigner un peu du feu; continuer à remuer constamment après l'ajout du beurre et des ingrédients aromatisants.

CARAMELS AU CHOCOLAT.

8 livres Bon sucre.
½ lb de chocolat pur non sucré.
2 livres de glucose.
1 lb de beurre frais.
Arôme vanille.
2 pintes d'eau.
2 boîtes de lait condensé.

PROCESSUS. - Lorsque le sucre, le glucose et l'eau ont été bouillis au degré de boule, 250, et que le lait, le beurre et le chocolat ont tous dissous et incorporés, porter doucement à ébullition, puis verser sur une plaque huilée ou dans des cadres; une fois pris, marquer profondément avec le coupe-caramel; à froid, séparer avec un couteau bien aiguisé et envelopper dans du papier ciré.

CARAMELS À LA VANILLE NO. 1 Qualité.

6 livres Sucre.
2 litres de crème sucrée.
Essence de vanille.
15 livres Beurre frais.
4 livres Glucose.

PROCESSUS. —Mettez le sucre, le glucose et la crème dans la casserole; mettez-le sur un feu lent et remuez constamment; laissez bouillir en boule ferme, puis ajoutez le beurre; continuez à remuer, quand il a bien bouilli, retirez la casserole du feu; arôme à l'extrait de vanille: verser sur une assiette huilée; marque lorsque serti avec un coupe-caramel; à froid, diviser avec un couteau bien aiguisé et envelopper chaque caramel dans du papier ciré.

VANILLA CARAMELS, qualité n ° 2.

5 livres Sucre.
1 lb de beurre frais.
3 pintes de lait nouveau.
½ oz. Crème tartare.
2 pintes d'eau.
Arôme vanille.

PROCESSUS. - Faire bouillir le sucre, le lait et l'eau avec la crème de tartre à feu doux, remuer tout le temps jusqu'à obtention d'une boule ferme, ajouter l'extrait de vanille et remuer doucement; retirer la casserole du feu et verser le contenu sur une dalle huilée; marquer profondément avec le coupe-caramel une fois pris; à froid, séparer avec un couteau tranchant. Ces caramels doivent être de couleur crème.

CARAMELS D'ÉRABLE.

En utilisant de l'érable pur, les caramels d'érable peuvent être fabriqués exactement comme la vanille; la saveur du sucre d'érable est suffisante sans aucune essence artificielle. Ces caramels seront bien sûr sombres.

CARAMELS À LA FRAMBOISE ET À LA FRAISE.

Ces arômes peuvent être utilisés dans l'une ou l'autre des deux dernières recettes - la meilleure qualité selon la première, la deuxième qualité selon la seconde. La noix, la noix de coco, etc. peuvent être ajoutées pour d'autres saveurs.

CARAMELS AU CHOCOLAT N ° 1 Qualité.

6 livres Meilleur sucre.
4 livres Glucose.
1½ lb Chocolat pur, non sucré.
2 litres de crème sucrée.
1½ lb Beurre frais.

PROCESSUS. —Mettre le sucre et la crème dans la casserole, bien mélanger, puis ajouter le glucose; laissez bouillir en boule ferme, éteignez un peu la casserole du feu et mettez le beurre en petits morceaux, puis le chocolat; continuez à remuer ensemble; porter la masse à ébullition, puis ajouter l'extrait de vanille; retirer la casserole et verser le contenu sur une dalle huilée, ce qui rend la feuille d'environ ½ pouce d'épaisseur; marquer profondément avec le coupe-caramel une fois pris; diviser avec un couteau bien aiguisé à froid et envelopper dans du papier.

CHOCOLAT CARAMEL, qualité n ° 2.

5 livres Sucre.
¾ lb de beurre frais.
1 litre de lait nouveau.
¾ lb de chocolat pur, non sucré.
½ oz. Crème tartare.

PROCESSUS. - Faire fondre le sucre dans le lait, ajouter la crème de tartre et faire bouillir au degré de boule; éteignez un peu la casserole du feu et incorporez le beurre et le chocolat; porter le tout à ébullition, ajouter l'extrait de vanille, puis retirer la casserole et verser le contenu sur la dalle; marquer et séparer le dernier comme indiqué.

CARAMELS NON EMBALLÉS.

Les caramels sont généralement vendus emballés dans du papier ciré. Cela est nécessaire lorsque les produits sont bouillis très bas et contiennent une grande proportion de glucose. Comme les autres caramels, les ingrédients varient, mais ce qui suit répondra à l'objectif: -

7 livres Sucre blanc.
2 livres. Glucose.
½ lb de beurre frais.
1 boîte de lait condensé ou un litre de crème sucrée.
3 litres d'eau.
Arôme vanille.

PROCESSUS. - Faire bouillir le sucre, le glucose et l'eau jusqu'à la fissure faible 285; retirer la casserole du feu, ajouter le beurre et le lait, remuer doucement jusqu'à dissolution, ajouter l'arôme juste avant la fin de l'agitation, puis verser le contenu sur une plaque huilée; une fois refroidi, couper avec un coupe-caramel. Si nécessaire froissé sur le dessus; passer sur la feuille avec un rouleau à pâtisserie filaire juste avant de couper.

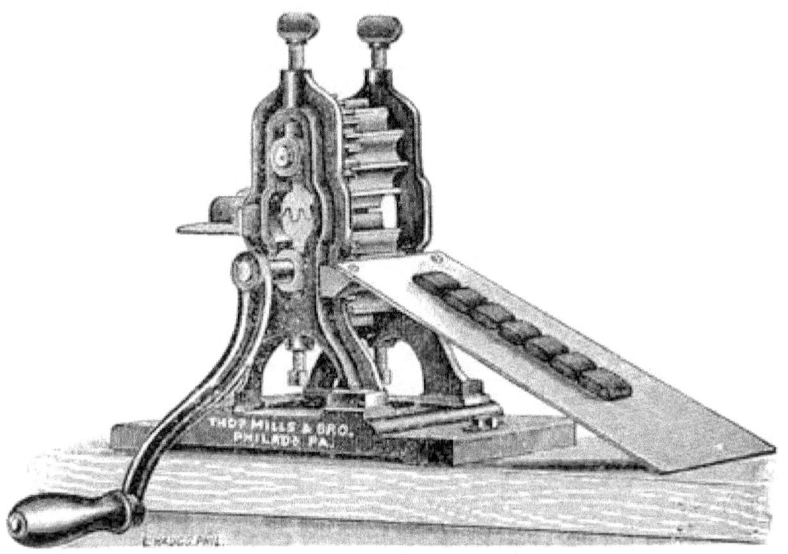

BUTTERCUP OU MIXED DROP MACHINE.

Cette machine est utilisée pour couper les renoncules et une grande variété d'autres bonbons. A des dents de scie pour fabriquer des renoncules à bords sertis. Machine de travail très rapide.

Prix, 19 00 $

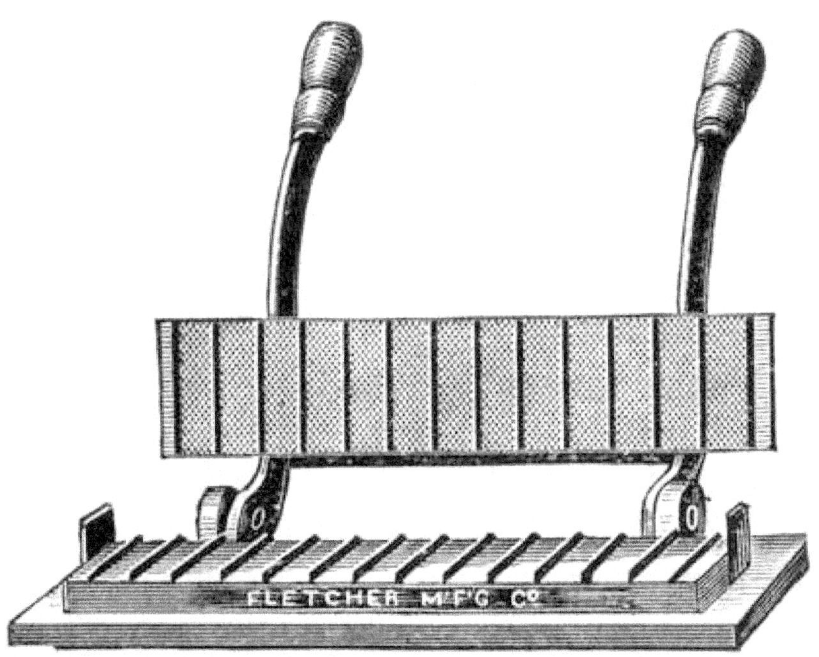

DERNIÈRE CHOSE.
NOUVELLE PRESSE SATINETTE.

Les renoncules et les satinettes auront une très grande vente cette saison.

Achetez une de nos machines et fabriquez la vôtre.

La machine se paiera d'elle-même dans un court laps de temps, en plus vous pouvez toujours avoir des produits frais.

Prix 15,00 $

Cullums Patent Buttercup Cut-

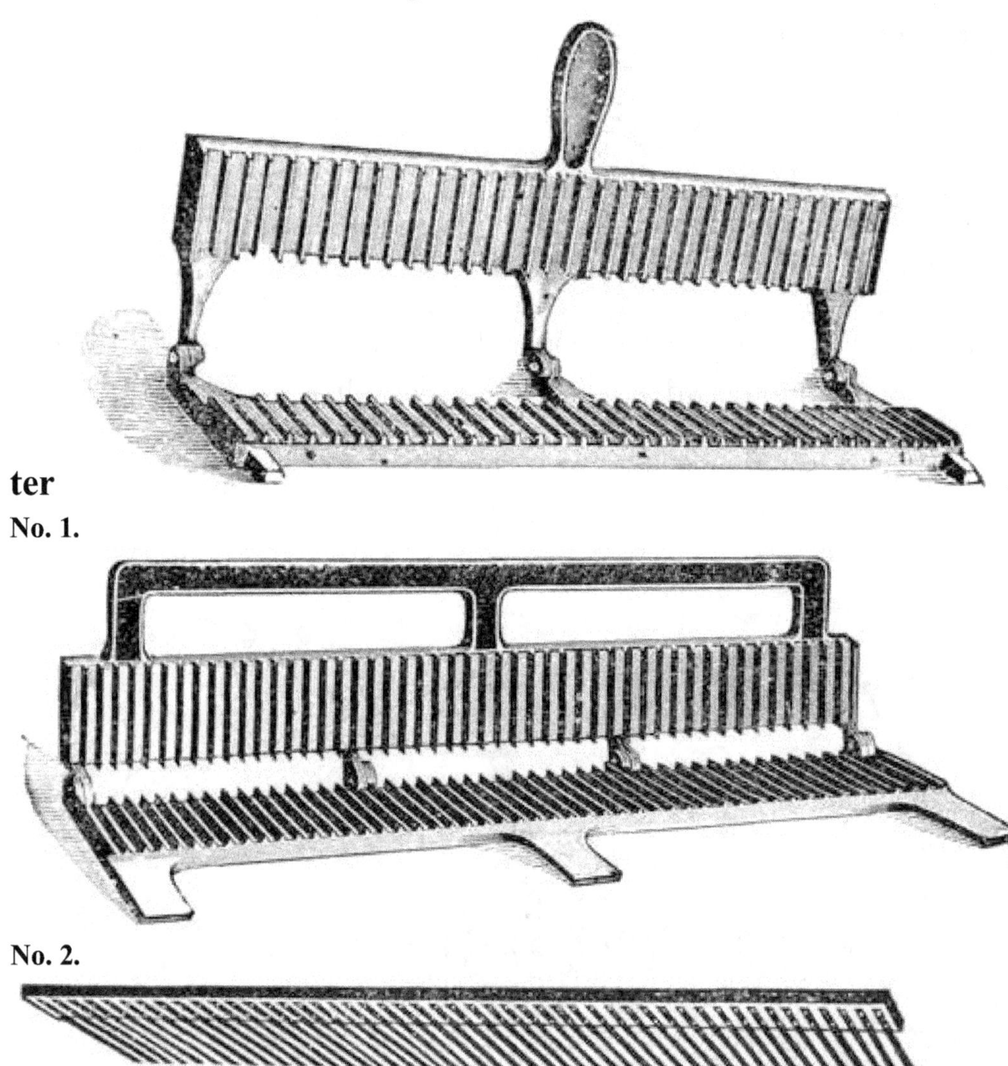

ter
No. 1.

No. 2.

Doigts pour Buttercup Cutters.

C'est une machine que chaque confiseur devrait avoir pour couper les renoncules, les gouttes, etc.

La machine n ° 1 est la même que la n ° 2, mais elle mesure 24 pouces de long, 3 pouces de large, coupera 70 pièces en un seul mouvement et est la machine la moins chère jamais mise sur le marché. Prix, 5 00 $

La machine n ° 2 mesure 34 pouces de long, 4 pouces de large, coupe 150 pièces, leur donnant une forme fine de coussin et un aspect brillant. Coupe trois fois plus vite que n'importe quel rouleau. Comparativement pas de déchets ou de renoncules fissurées avec cette machine. Cut représente Lifter, dont les doigts s'insèrent dans les couteaux de la Machine de sorte que les 150 morceaux de bonbons puissent être enlevés d'un seul mouvement. Prix, 14 00 $

Machine avec des dents pour former Buttercup avec des bords cousus. Prix, 20 00 $

BUTTERCUPS.

Ces beaux bonbons sont très appréciés; ils plaisent à la fois aux yeux et au palais lorsqu'ils sont bien faits, mais ils doivent être maintenus hermétiques ou ils perdront bientôt toute leur attractivité et deviendront une masse collante, car ils ont une grande tendance à «transpirer». Afin d'éviter cela autant que possible, il est conseillé d'utiliser un peu de borax dans chaque ébullition. Le processus est assez simple, mais doit être travaillé rapidement, en fait la beauté dépend de la manipulation rapide du sucre sur le crochet; gardez l'œil fixé sur la couleur; dès qu'il devient un satin brillant avec un grain serré, il est terminé; soulevez-le immédiatement du crochet et revenez à la dalle pour le tubage. Ne continuez pas l'opération de tirage jusqu'à ce qu'elle devienne spongieuse et veillez à ne pas utiliser trop dc couleur; les teintes doivent être légères et délicates une fois terminées. Les machines sont faites pour couper les renoncules, prix 6,00 $ et 14,00 $, chaque machine. Machine à bord serti, 20,00 $ chacun. *Obtenez notre liste de prix.*

BUTTERCUPS À LA VANILLE.

7 livres Meilleur sucre blanc.
2 livres. Pâte fondante.
1 lb de noix de coco desséchée, très bien.
Couleur verte.
1 cuillère à café de crème de tartre.
1 litre d'eau.
Borax.

PROCESSUS. —Mettre le sucre, l'eau et la crème de tartre dans la marmite et faire bouillir jusqu'à la craquelure 310 de la manière habituelle; pendant que la casserole est sur le feu, prenez la pâte fondante et mélangez-y la noix de coco séchée, avec un peu d'essence de vanille, et mettez de côté jusqu'à ce que vous en ayez besoin. Lorsque l'ébullition a atteint le degré requis, versez le sucre sur la plaque, colorez-la en vert clair et, lorsqu'elle est partiellement froide, tirez sur le crochet jusqu'à ce qu'il devienne une teinte satinée délicate; remettez-le sur la plaque, appuyez sur l'ébullition, déposez la pâte fondante au centre et étalez-la tout autour avec le sucre en poudre; maintenant soigneusement travailler une extrémité de l'ébullition jusqu'à un point comme pour bâtons et étirez-le en longueurs, épaisseur requise: posez-les sur la machine et appuyez doucement jusqu'à ce qu'ils soient coupés; les renoncules sont alors prêtes à être emballées. Il est conseillé de travailler de petits furoncles de ces produits, car le boîtier bouilli devient rapidement cassant; continuez à tourner la masse sur l'assiette de manière à garder la pâte fondante exactement au centre.

FRAMBOISE COCOANUT BEURRE.

7 livres Meilleur sucre blanc.
2 livres. Pâte fondante.
1 lb de noix de coco desséchée.
1 lb de confiture de framboises, bouillie Stiff.
1 cuillère à café de crème de tartre.
1 litre d'eau.
Couleur carmin.
Borax.

PROCESSUS. - Incorporez la confiture et la noix de coco à la pâte fondante; faire bouillir le sucre, l'eau et la crème tartare pour craquer; verser sur une dalle huilée; couleur rose clair: une fois partiellement refroidi, tirez et travaillez comme dans la recette précédente et coupez avec la machine à bouton d'or.

BEURRE DE NOIX DE COCO.

7 livres Sucre.
2 livres. Pâte fondante.
1 lb de noix de coco desséchée.
Couleur jaune.
1 cuillère à café de tartare à la crème.
1 litre d'eau avec du borax.
Saveur de citron.

PROCESSUS. - Comme d'habitude, les renoncules de toute sorte ou saveur peuvent être préparées en suivant les instructions données et en remplaçant différentes essences, confitures, noix ou amandes hachées et colorant à la fantaisie.

BUTTERCUPS CURRANT NOIR.

7 livres Sucre blanc.

2 lb de pâte à fondant.

1 lb de confiture de cassis.

½ oz. Acide tartrique.

1 cuillère à café de tartare à la crème.

1 litre d'eau.

Borax.

Couleur violet.

PROCESSUS. - Incorporez la confiture, l'acide et le colorant à la pâte fondante, faites bouillir le sucre, l'eau et le tartre de crème pour faire craquer, et travaillez comme déjà décrit.

TRAVAIL DE CRÈME FONDANT OU REMPLISSAGE DE BUT-TERCUP.

Cette branche de l'entreprise s'est merveilleusement développée au cours des dernières années. Cette crème est non seulement moulée et travaillée dans toutes les formes, couleurs et saveurs imaginables, mais elle est utilisée avec du chocolat, des fruits, etc., pour faire une variété infinie de confiseries agréables et savoureuses. Les plus petits produits de cette œuvre forment le corps, et parfois l'ensemble, de nombreux beaux mélanges, et aucune fenêtre ne peut maintenant être considérée comme orthodoxe à moins d'avoir une bonne présentation de ces produits. Pour notre propos, la variété est une question de détail dont nous ne parlons que pour rappeler au lecteur qu'il doit en chercher la plus grande partie en dehors des couvertures de ce guide. Le processus est pratiquement le même tout au long; le mélange, les saveurs, les couleurs et les formes font la distinction qu'il y a.

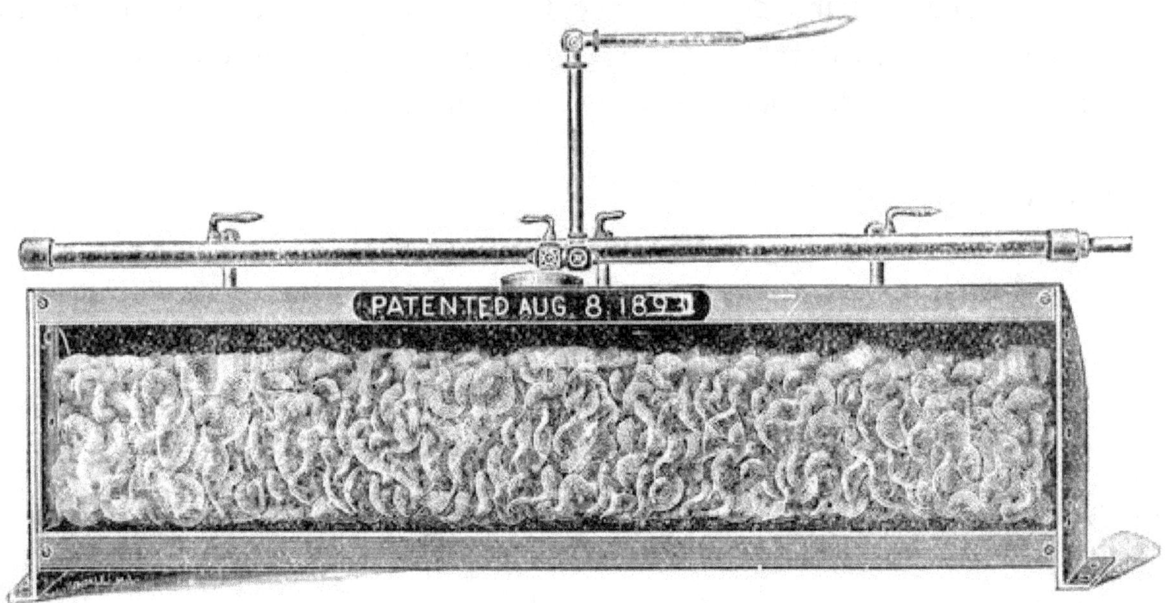

Fig. 15.

Réchauffeur discontinu de gaz d'amiante ou four à rotation. - Deux tailles.

32 pouces de long, prix 15,00 $. Peut être utilisé en sections si désiré.

FONDANTS DE FRAMBOISE ET VANILLE.

10 livres Sucre blanc.
2½ livres Glucose.
Saveur de framboise et de vanille.
3 litres d'eau.
Couleur carmin.

PROCESSUS. - Faire bouillir le sucre, le glucose et l'eau de la manière habituelle au degré de boule molle; puis retirez la casserole du feu; humidifiez le plateau verseur avec de l'eau froide; verser l'ébullition dessus et laisser reposer jusqu'à ce qu'il soit presque froid. Avec un long couteau à palette ou une spatule en bois, commencez à travailler le sirop jusqu'à ce qu'il se transforme en une crème blanche brillante; puis divisez le lot en deux; mettre une partie dans la casserole et refondre, juste assez pour lui donner une consistance à mouler, ajouter une saveur de vanille et la couler dans des moules en caoutchouc; mettez maintenant l'autre portion dans la casserole et refondez; coloriez-le en rose clair; saveur avec de l'essence de framboise et de moisissure dans les mêmes formes; lorsque les produits sont pris et cristallisés à froid avec du sirop froid.

NB - Assurez-vous que tout est très propre lorsque vous faites des fondants; chaque point montrera; une touche de bleu rendra le blanc une meilleure couleur.

FONDANTS AU CHOCOLAT ET À LA VANILLE.

10 lb de sucre blanc.
2½ livres Glucose.
Arôme vanille.
3 pintes d'eau.
½ lb de chocolat pur.

PROCESSUS. —Préparez les crèmes fondantes comme dans la dernière recette; lorsque l'ébullition a été crémée, diviser en deux, une partie étant deux fois la taille de l'autre, mettre la petite partie dans la casserole pour refondre, en ajoutant la pâte de chocolat; remuer jusqu'à ce que la pâte soit dissoute et incorporée, mais ne pas laisser bouillir la crème; retirer la casserole du feu; couler la crème au chocolat dans des moules en caoutchouc en remplissant les empreintes d'un tiers seulement; fondre ensuite la crème blanche, parfumer à la vanille et remplir les moules; une fois pris, cristalliser dans un sirop froid; chaque fondant sera de deux couleurs, blanc embouti de chocolat.

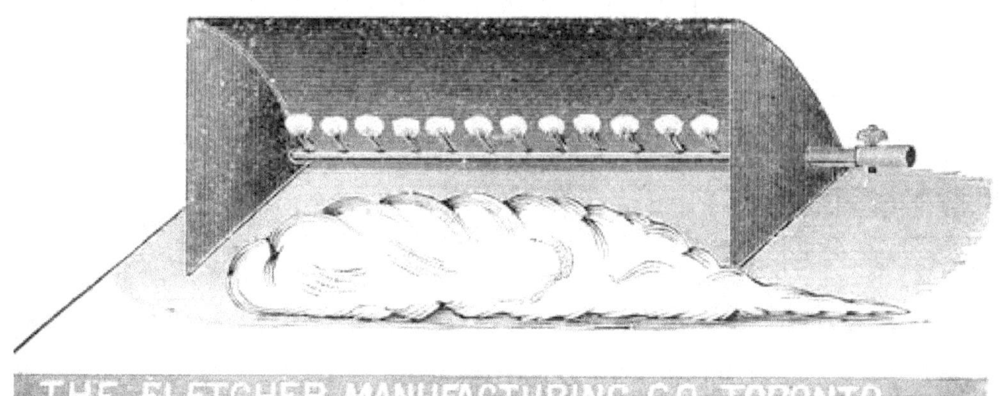

Fig. 15. **Réchauffeur de lots ou chauffe-bonbons au gaz. Prix 5,00 $.**

FONDANTS DE COCOANUT.

9 livres Sucre blanc.
2½ livres Glucose.
1½ lb Noix de coco fine desséchée, non sucrée.
Couleur carmin.
3 pintes d'eau.
Arôme de citron.

PROCESSUS. - Procéder à la fabrication de la crème comme indiqué précédemment et diviser le lot en deux parties égales: refondre une partie et incorporer la moitié de la noix de coco séchée avec quelques gouttes de citron; moules à moitié remplis; refondre l'autre portion de crème; incorporer le reste de la noix de coco; colorer en rose, ajouter quelques gouttes d'essence de citron, et remplir les moules; cristalliser de la manière habituelle dans un sirop froid.

FONDANTS DE FRAISE.

9 livres Sucre blanc.
2 livres. Glucose.
Coloration carmin.
2 livres. Confiture de fraise.
3 pintes d'eau.

PROCESSUS. - Faites bouillir le sucre, le glucose et l'eau à un degré de boule molle, versez le lot sur le plat verseur, qui a été préalablement humidifié avec de l'eau froide, laisser bouillir jusqu'à presque froide, puis avec une spatule en bois travailler le sirop jusqu'à ce qu'il devienne crème, puis mélanger dans la confiture; remettre le tout dans la poêle et refondre, ajouter suffisamment de couleur pour faire un rose vif, puis couler dans des moules; une fois pris, cristalliser dans un sirop froid.

FONDANTS DE CERISE.

10 livres Sucre.
2½ livres Glucose.
Saveur de cerise.
3 pintes d'eau.
Couleur carmin et safran.

PROCESSUS.—Sélectionnez quelques grosses cerises confites, coupez-les en deux. Faites bouillir le sucre, le glucose et l'eau de la manière habituelle au degré de boule, versez le lot sur une plaque de versement humide; quand il est presque à froid, travailler le tout avec une spatule jusqu'à ce qu'il devienne une crème blanche brillante, en incorporant la saveur en même temps; puis divisez en trois parties égales, colorez une partie en rose vif et une autre en jaune, laissant la troisième blanche; pétrir chaque portion en pâte ferme, en ajoutant un peu de sucre glace pour la rendre dure; pincez les petits morceaux et formez-les en boules de la taille de la cerise, faites-les un peu à plat sur un côté; sur cette partie plate, coller une demi-cerise en les pressant en forme; placez-les dans des plateaux en toile et placez-les dans la salle de séchage pendant quelques heures pour qu'ils durcissent; cristalliser ensuite avec du sirop froid. D'autres fruits conservés peuvent être utilisés de la même manière.

FONDANTS POUR LES MÉLANGES.

10 livres Sucre blanc.
2½ livres Glucose.
Saveurs diverses.
3 pintes d'eau.
Couleurs variées.

PROCESSUS. - Faire bouillir le sucre, le glucose et l'eau comme précédemment dirigé sur une boule ferme et verser le sucre sur une plaque humide; laissez-le reposer jusqu'à ce qu'il soit presque froid, puis travaillez-le avec une spatule jusqu'à obtenir une crème brillante; divisez l'ébullition en autant de portions que vous voulez de couleurs; puis refondre cette crème, cette couleur et cette saveur à la fantaisie; exécutez le lot dans des moules de différentes formes. Lorsque les fondants sont pris, cristallisez dans un sirop froid. Les fondants pour mélange sont un peu plus durs pour éviter d'être écrasés avec d'autres bonbons avec lesquels ils sont mélangés.

CRISTALISER LES FONDANTS

13 livres Meilleur sucre blanc.
4 pintes d'eau.

PROCESSUS. - Faire bouillir cette quantité de sucre et d'eau pendant quelques minutes, à environ 220 degrés au thermomètre; tenez-le de côté sans être dérangé jusqu'à ce qu'il fasse assez froid. Emballez les fondants dans des boîtes de cristallisation, en mettant des plateaux de fil entre chaque couche de disons deux pouces de profondeur; laissez les plateaux de fil prendre appui sur les extrémités de l'étain; lorsque la boîte est pleine, couvrez les marchandises avec du sirop froid, en mettant un chiffon humide sur le dessus; placez les boîtes dans un endroit frais dans la salle de séchage environ dix heures; puis retirez-les dans un endroit froid; environ une heure après, retirez les bouchons et égouttez le sirop superflu; lorsque les fondants sont secs, tournez les boîtes en les frappant légèrement et videz-les sur des plateaux propres; ils seront prêts à être emballés dans une heure environ.

NB - Si une fine peau se forme sur le dessus du sirop, écumez-la avant de vider la marchandise; cela pourrait ont tendance à les granuler, mais le chiffon humide devrait empêcher la formation de cette peau.

FANTAISIES DE NOËL — MOULES À JOUETS CLAIRS.

Il existe un grand nombre de fantaisies fabriquées à partir de sucres de céréales vendus vers Noël. Leur beauté et leur attrait dépendent des moules dans lesquels ils sont moulés et du goût affiché dans leur peinture ou leur décoration. Les produits eux-mêmes sont une considération assez secondaire, étant si simples à fabriquer.

PROCESSUS. —Boil 7 lbs. sucre, 1 lb de glucose, 2 pintes d'eau de la manière habituelle au degré de boule 250, par thermomètre; retirez-le du feu et frottez le sucre contre le côté de la casserole jusqu'à ce qu'il soit épais et blanc; remuez le tout ensemble, puis remplissez les moules à travers le coureur. Trop de sucre ne doit pas être bouilli à la fois, sinon il durcira avant de pouvoir être entièrement coulé dans les moules; deux ou trois livres suffiront à un débutant pour s'entraîner. Ils seront suffisamment durs pour être sortis des moules en quinze à trente minutes, selon la taille après avoir été coulés, et ils seront prêts pour la décoration.

FIGURES ARTIFICIELLES.

Les fruits, les œufs et tout objet peuvent être retirés de la nature par ce procédé, pour être transformés en sucre, ensuite glacés, colorés pour imiter la nature de manière à tromper de nombreuses personnes. Faites bouillir le sucre exactement de la même manière que celle indiquée dans la recette précédente, grain et remplissez les moules; en quelques minutes, épuiser autant de sucre qu'il en sortira du moule; cela entraînera un creux au centre de la pièce moulée. Permettez à vos articles d'imiter les objets naturels qu'ils représentent avec des couleurs liquides et des crayons en poil de chameau; si une brillance est requise, les couleurs doivent être mélangées avec une solution forte de gomme arabique ou de verre d'ising à la teinte souhaitée.

COMPOSITION MOULES POUR JOUETS CLAIRS.

Fabriqué à partir de la meilleure qualité de métal.

Les moules marqués ainsi X nous avons toujours en stock. Tous les autres fabriqués sur commande.

COMMENT PREPARER UNE VARIETE DES BONBONS

Non.	Nom.	Non dans le moule.	Non à Lb.	Prix.
X 1	Cheval et homme grand	3	16	2 60 $
X 2	Cheval, petit	3	48	1 30
X 3	Général à cheval	3	27	1 30
X 4	Cheval	4	45	1 30
5	Cheval, petit	4	55	1 30
X 6	Vache	3	38	1 30
X sept	Mouton	4	30	1 30
X 8	Chien, grand	3	43	1 30
X 9	Chien, moyen	3	48	1 30
dix	Chien, petit	3	55	1 30
X 11	Singe à cheval	3	35	1 30
X 12	Chat, grand	3	28	1 30
X 13	Chat, petit	4	32	1 30
X 14	Rat	4	32	1 30
15	Cerf, petit	3	32	1 65
16	chameau	3	45	1 30
X 17	Lapin, grand	3	16	1 30
X 18	Lapin, moyen	4	24	1 30
X 19	Lapin, petit	4	38	1 30
X 20	Dame sur cygne	3	30	1 30
21	poulet	3	38	1 30
X 22	Coq	3	35	1 30
23	Aigle	3	35	1 30
X 24	corbeau	3	40	1 65
25	Ours	4	35	1 30
26	Bébé, grand	3	32	1 65
27	Bébé, petit	3	30	1 30
28	Jim Crow	3	64	1 30
X 29	Homme et brouette	3	55	1 65
30	Femme et baratte	4	48	1 30
31	Main	3	38	1 30
32	Panier et fleurs	3	38	1 30

33	Gland	3	30	1 30
34	Harpe	3	31	1 30
X 35	Pompier	3	24	1 30
X 36	le petit Poucet	3	48	1 30
X 37	Soldat	4	48	1 30
38	bateau à vapeur	3	48	1 30
X 39	Locomotive	3	43	1 30
X 40	Sloop	3	43	1 30
41	Fer plat	4	48	1 30
42	Clé	3	35	1 30
43	Patin	3	55	1 30
44	Pistolet	3	48	1 30
X 45	Pelle	3	27	1 30
46	Les ciseaux	3	43	1 30
47	Violon	4	38	1 30
48	Clairon	3	55	1 30
X 49	Regarder	3	21	1 30
50	Panier avec poignée	3	31	1 30
X 51	Panier de fleurs, poignée	3	28	1 30
X 52	Pichet, petit	3	33	1 30
53	Cheval à bascule, petit	3	35	1 30
X 54	Trois chiffres	3	48	1 30
X 55	Lapin et panier	4	16	1 65
X 56	Locomotive, grande	3	14	1 30
X 57	Église sur la colline	3	18	1 30
58	Théière	3	48	1 30
X 59	Lion	3	70	1 30
60	Épée	3	27	1 30
61	Garçon et chèvre	3	43	1 30
X 62	Montre, petite	3	45	1 30
X 63	Âne	3	55	1 30
64	l'éléphant	3	43	1 30

65	Pris en flagrant délit	3	48	1 30
66	Échelles	3	40	1 30
X 67	Cheval et chariot	3	28	1 30
X 68	Moineau	3	19	1 30
69	Petit bateau	3	43	1 30
70	Locomotive, petite	3	28	1 30
71	Pichets	3	31	1 65
X 72	Sucrier	3	21	1 65
73	Tasse de thé	3	40	1 30
X 74	Tasse à café	3	21	1 30
75	Soucoupes	3	35	1 30
X 76	Théière	3	12	2 60
77	Verre de vin	3	41	1 65
78	Cuve de lavage	3	33	2 00
79	Vase à fleurs	3	23	1 65
80	Table ronde	3	31	1 65
81	Pistolet	4	48	1 30
82	Pistolet	4	32	2 00
83	Couteau de poche	4	38	1 30
84	Poignard	4	40	1 30
85	Coq, petit	5	55	1 30
86	Crucifix	5	32	2 00
87	Hache	4	48	1 30
88	Tuyau	6	21	2 00
89	Cul	5	48	1 30
X 90	Cerf couché	3	25	1 30
91	Mule	3	21	1 30
X 92	Chien, grand	3	12	2 00
X 93	Chien avec panier	3	12	2 00
X 94	Chien debout avec panier	3	15	1 65
X 95	Paon	3	21	1 65
96	Carafe	3	19	1 65
X 97	Bottes	5	27	1 65

98	Panier simple avec poignée	3	23	1 65
99	Verre à vin, grand	3	18	2 00
X 100	Corne de feu	3	21	2 00
101	Écureuil et boîte	5	33	1 65
102	Balai	3	13	1 65
X 103	Buste de Napoléon	4	20	2 00
104	Ladys	3	28	1 65
X 105	Cupidon	3	21	1 65
106	lapin	3	dix	2 60
107	Poisson sur assiette	3	19	1 65
X 108	Coq	3	14	1 65
X 109	Hibou	3	16	1 65
X 110	Cupidon et panier	8	19	1 65
X 111	Poney	3	18	1 65
X 112	Chien	3	15	1 65
X 113	Combat de chats et de chiens	3	18	1 65
114	Sauterelle	3	13	2 60
X 115	bateau à vapeur	3	19	1 30
X 116	Lion de mer	3	12	1 65
X 117	Rhinocéros	3	15	1 65
X 118	tigre	3	15	1 65
X 119	Ours, petit	3	20	1 65
120	Ours, moyen	3	16	1 65
X 121	Ours, grand	3	8	2 60
X 122	Singe	3	14	1 65
X 123	Grande main	3	11	1 65
X 124	Ours assis	3	16	1 65
X 125	chameau	3	18	1 65
X 126	Écureuil	3	13	1 65
127	Saut de cheval	3	30	1 65
X 128	Agneau couché	3	14	1 65
129	Sucrier	3	21	1 65

	130	Fer à double pointe	3	16	1 65
	131	Garçon sur cheval à bascule	3	19	2 00
	132	l'éléphant	6	21	2 00
	133	Capitaine Jack	3	18	1 65
	134	Grenouille fumant	3	16	1 65
	135	Cygne	3	18	1 65
	136	Trompette	3	16	1 65
	137	Bottes	3	19	1 30
X	138	l'éléphant	3	14	1 65
X	139	Singe sur chameau	3	20	1 65
X	140	Cupidon sur Lion	3	18	1 65
	141	lapin	4	25	1 65
	142	Singe vêtu de vêtements de soldat	3	24	1 30
	143	Tuyau	6	33	2 00
X	144	Sloop	3	12	2 00
X	145	Lapin et brouette	3	6	2 60
X	146	Agneau, grand	4	14	2 60
X	147	Singe sur chameau	3	8	2 60
X	148	Garçon et grand agneau	3	11	2 60
X	149	Porc	3	18	1 65
	150	Chien dans le chenil	3	15	1 65
X	151	Horloge fantaisie	3	18	1 65
	152	Petit garçon	3	30	1 65
X	153	Mazeppa	3	13	2 00
	154	Grue	3	15	2 00
	155	Écureuil	3	dix	2 00
	156	Garçon, équitation, chien	3	18	2 00
	157	Chèvre sautant	3	16	1 65
X	158	Vache et veau	3	23	1 65
	159	Broyeur d'orgue avec singe	3	24	1 65
	160	Chriskingle Deer et traîneau	2	dix	1 65
X	161	Panier	3	19	1 65
X	162	Bébé au berceau	3	16	1 65

X 163	Cheval	3	20	1 65
X 164	Garçon soldat	3	13	1 65
165	Dame française	4	15	2 00
166	Bouteilles fantaisie	4	12	1 65
167	Garçon volant des pommes	3	13	2 00
X 168	Hussard	3	9	1 65
169	Écossais	3	11	1 65
170	Soldat lapin	3	9	2 00
171	Batteur de lapin	3	9	2 00
X 172	Lapin sportif	3	16	1 65
X 173	Voiture de chemin de fer	3	18	1 30
174	Bouilloire à thé fantaisie	3	11	1 65
175	Spread Eagle	2	sept	1 65
X 176	Chinois et chien	3	13	2 00
177	Lapin voyageur	3	16	1 65
X 178	Grenouille à vélo	3	15	2 00
179	Autruche	3	12	2 00
180	Clochard	3	12	1 65
181	Renard	2	12	1 30
X 182	Cheval et jockey	3	19	2 00
183	Ferroutage	3	16	1 65
184	Pichet fantaisie, grand	3	13	2 00
X 185	Bateau à voile	3	15	2 00
X 186	Irlandais et cochon	3	15	2 00
187	Singe et ferroutage	3	15	2 00
188	Policier et garçon	3	14	2 00
189	Chien et cerf	3	12	2 00
X 190	Garçon et vélo	3	18	2 00
191	Chouette sur arbre	3	12	2 00
192	chat Botté	3	dix	2 00
X 193	Kangourou	3	11	2 00
X 194	Girafe	3	12	2 00

X 195	Pipe fantaisie	2	12	2 00
X 196	Fusil	4	38	1 30
197	Irlandais	3	23	1 30
X 198	Chinois	3	19	1 30
X 199	Israélite	2	dix	1 30
200	Oncle Sam	3	23	1 30
201	Hollandais	3	16	1 30
X 202	Chien assis	3	12	1 65
203	Panier	3	14	2 00
204	Chien qui court	3	21	1 30
205	Cisailles	3	38	1 30
206	Pelle	3	21	1 30

GRANDS MOULES POUR JOUETS CREUX OU CLAIRS.

Non.	Nom.	Taille.	Non dans le moule.	Prix.
1	Cerf	5 × 7	1	4 00 $
2	Cerf	3 × 7	1	2 60
3	Cheval	5½ × 5½	1	6 75
* 4	Cheval	2½ × 2½	1	1 00
5	Cheval	2½ × 2½	2	2 00
6	Cheval	3 × 2½	1	1 00
* sept	Cheval	2 × 2½	3	2 00
* 8	chameau	3 × 3	1	1 65
9	chameau	5½ × 5½	1	6 75
dix	l'éléphant	3 × 5	1	2 00
11	Éléphant et garçon	3 × 3	1	1 30
* 12	Chèvre	3 × 2¾	2	2 00
* 13	Chat	5 × 4½	1	2 60
14	Chat	3 × 4½	1	2 00
15	Chien	6 × 4	1	6 75
16	Chien couché	3½ × 5½	1	2 60

17	Chien	$3\frac{1}{2} \times 4\frac{1}{2}$	2	3 10
18	Wm. Penn	$5\frac{1}{2}$ haut	1	2 00
* 19	Indien	$5\frac{7}{8}$ de haut	1	2 00
20	Coq	$5 \times 3\frac{1}{2}$	1	2 00
21	Coq	$3\frac{1}{2} \times 3$	1	1 00
22	Locomotive	$10 \times 5\frac{1}{2}$	1	13 00
23	Ingénieur de locomotive, lapin	$3\frac{1}{2} \times 3\frac{3}{4}$	1	2 60
24	Panier	2×6	1	9 25
25	Panier	$4\frac{1}{2} \times 4$	1	2 60
26	Prêtre bénissant les enfants	2×6	1	1 30
27	Washington	7 po de haut	1	1 30
28	Subvention américaine	$2\frac{1}{4}$ po de haut	1	2 00
29	Pistolet	7 po de long	3	2 00
30	Pistolet	7 po de haut	1	1 00
31	Navire à pleine voile	$7\frac{1}{2} \times 6$	1	6 75
32	bateau à vapeur	$6\frac{1}{2} \times 4$	1	6 75
33	Barque	9 po de long	1	4 00
34	Barque	6 po de long	1	1 00
* 35	Barque	$2\frac{1}{2}$ po de long	2	2 00
36	Sifflet		4	2 00
37	Sifflet		3	1 30
38	Étalez l'aigle sur un demi-globe	4×6	1	6 75
39	lapin	5×5	1	2 60
40	lapin	3×3	2	2 00
* 41	agneau	4×6	1	2 60
42	agneau	$3\frac{1}{4} \times 3\frac{1}{2}$	2	2 00
43	Barque	$4\frac{1}{2} \times 2\frac{1}{2}$	1	2 00
44	Éléphant, Jumbo	$8\frac{1}{2} \times 6$	1	6 75
45	Lion	$8\frac{1}{2} \times 6$	1	6 75
* 46	Chevalier à cheval	$3 \times 5\frac{1}{2}$	1	1 30
47	Camion de pompier	5×7	1	6 75
48	Buffle	$5\frac{1}{2} \times 8$	1	6 75

BARRES À CRÈME À LA VANILLE.

7 livres Sucre blanc.
2 livres. Glucose.
3 pintes d'eau.
Arôme vanille.

PROCESSUS. —Dissoudre le sucre avec de l'eau dans une casserole propre; ajouter le glucose et faire bouillir de la manière habituelle jusqu'au degré de plume, 243; verser le contenu sur une dalle humide; laissez-le refroidir quelques minutes; puis avec un couteau à palette travailler jusqu'à la crème blanche, en ajoutant une teinte de bleu pour le blanchir; lorsque le tout est devenu une crème onctueuse, remettez-la dans la casserole et faites-la fondre juste assez pour qu'elle puisse couler lisse et de niveau; incorporer la saveur et couler sur une assiette verseuse de ½ pouce d'épaisseur; une fois réglé, coupé en barres.

BARRES DE CRÈME À LA FRAMBOISE OU À LA ROSE.

7 livres Sucre blanc.
2 livres. Glucose.
3 pintes d'eau.
Saveur de framboise ou de rose.

PROCESSUS.- Faire fondre le sucre dans l'eau, ajouter le glucose et faire bouillir à 243; verser le contenu sur la plaque et, une fois refroidi, diviser l'ébullition en trois parties; colorer une partie en rouge, ajouter du chocolat pur à une autre, et à une troisième, ajouter une pincée de bleu, crémer chaque partie en frottant sur une plaque pour obtenir une pâte lisse; en frottant dans le chocolat pur, voyez que vous en avez assez pour en faire un brun riche; pour la portion rouge, utilisez juste assez pour donner un rose pâle. Lorsque tout est terminé, faites fondre chaque portion séparément dans la casserole juste suffisamment douce pour atteindre une surface plane; verser d'abord le rouge, puis le chocolat sur une feuille rouge, puis le blanc sur le chocolat; cela fera un gâteau à la crème à découper en barres. Certains ne se donnent pas la peine de faire fondre la crème, se contentant d'étaler la pâte, de la lisser par dessus avec un couteau à palette;

CRÈME DE COCOANUT.

7 livres Sucre blanc.
3 livres Noix de coco pelée et coupée en tranches.
2 livres. Glucose.
Coloration rouge.
3 pintes d'eau.

PROCESSUS. - Faire bouillir le sucre, le glucose et l'eau de la manière habituelle au degré 245; verser le contenu sur la dalle; divisez l'ébullition en deux lots; quand cool, colorie une partie rose clair et mettre une petite touche de bleu dans l'autre; ajouter la noix de coco en tranches, la moitié dans chaque partie, puis commencer à les crémer en frottant. Lorsque les deux parties ont été mélangées en une pâte lisse, elle est prête pour la vente, étant généralement vendue par découpe dans un bloc brut.

NB - Les amandes coupées, les noix moulues, etc. sont utilisées de la même manière que pour les noix de coco. Les furoncles peuvent être aromatisés ou non, mais ils l'améliorent un peu et le rendent parfumé.

CRÈME À L'ÉRABLE.

8 livres Sucre jaune.
1 litre de crème douce.
2 livres. Glucose.

PROCESSUS. - Faire bouillir le sucre, le glucose et la crème à 242 ° C au thermomètre en remuant constamment; lorsque vous avez terminé, retirez le feu et laissez reposer jusqu'à ce qu'il soit presque froid (en le plaçant à un endroit où il refroidira rapidement), puis remuez jusqu'à ce qu'il se fige; puis faites fondre à feu lent (en remuant constamment) jusqu'à ce que cela devienne une belle consistance crémeuse, versez sur une boîte bien graissée, posez environ un pouce de profondeur, laissez reposer jusqu'à ce qu'elle refroidisse, quand en retournant la boîte, elle tombera. Une fois que le lot est mis à refroidir dans l'étain, ne le dérangez en aucun cas car cela fera craquer la crème en morceaux lors du démoulage. Si c'est trop cher une recette, utilisez du lait au lieu de la crème et ajoutez une demi-livre de beurre.

PUDDING DE NOËL (IMITATION).

7 livres Sucre blanc.

1 lb de raisins secs.

½ lb d'amandes douces blanchies hachées.

1 lb de cassis.

1 lb de raisins secs.

½ lb. Peel mélangé.

1 once Épices mélangées.

2 pintes d'eau.

PROCESSUS. —Préparer les fruits en lavant les raisins de Corinthe à l'eau froide, puis en les séchant; raisins secs; blanchir et hacher les amandes; couper la peau en rayures, puis les mélanger en ajoutant les épices; faire bouillir le sucre et l'eau au degré de boule; retirer la casserole du feu: épépiner l'ébullition en frottant le sirop contre le côté de la casserole de la manière habituelle; quand il devient crémeux, ajoutez le mélange de fruits, en remuant soigneusement le tout jusqu'à ce qu'il soit bien incorporé; préparez des chiffons humides dans lesquels divisez l'ébullition; attachez-les très fort et accrochez-les jusqu'à ce qu'ils durcissent. Les amandes blanchies sont utilisées pour représenter le suif et doivent être hachées en conséquence.

PUDDING À LA CRÈME MARRON.

7 livres Cassonade.

2 livres. Glucose.

1 lb de cassis.

½ lb de raisins secs.

½ lb de raisins secs.

½ lb. Peel mélangé.

½ oz. Épices mélangées.

2 pintes d'eau.

PROCESSUS. - Dissoudre le sucre dans l'eau et mettre la casserole sur le feu et ajouter le glucose; laisser bouillir le tout en boule ferme, puis verser le contenu sur une assiette verseuse humide; quand il est presque froid, commencez à crémer en frottant et en le travaillant sur la plaque avec un couteau à palette jusqu'à ce qu'il devienne opaque, raide et crémeux, faites préparer et mélanger les fruits comme dans la recette précédente, puis faites-les bouillir avec une spatule; maintenant divisez l'ébullition en petits bassins, contenant environ une livre chacun; presser bien la crème et laisser reposer jusqu'à ce qu'elle soit prise. Sortez-les, badigeonnez-les d'une fine solution de gomme et saupoudrez-les de sucre en poudre pour représenter le glaçage. Avant de mettre la crème dans les bassines, secouez un peu de sucre glace sur les bassines, cela les évitera de coller.

FRAMBOISE NOYEAU.

5 livres Sucre blanc.
1 lb de glucose.
2 livres. Confiture de framboise.
1 lb d'amandes, blanchies et séchées.
3 pintes d'eau.
Couleur rose brillante liquide.

PROCESSUS.- Faire bouillir le sucre, le glucose et l'eau au degré de boule, 250; éteignez la casserole du feu, ajoutez la confiture et les amandes, suffisamment colorées pour que le tout devienne rouge vif; laisser bouillir le mélange, en le gardant légèrement remué jusqu'à ce qu'il soit bien mélangé; retirez maintenant la casserole du feu et voyez si le lot est devenu opaque; sinon frottez une partie du sirop contre le côté de la casserole et remuez jusqu'à ce que l'ébullition entière soit un peu crémeuse, puis versez sur du papier gaufré, en gardant la feuille d'environ trois quarts de pouce d'épaisseur; niveler le haut avec un couteau à palette et couvrir de papier gaufré; une fois réglé, déposer sur une planche propre et couper en barres avec un couteau bien aiguisé. En épaississant les feuilles, disposez les barres lâches sur la plaque de coulée pour former un carré proportionnel à la taille de l'ébullition. Presque tous les types de confitures peuvent remplacer l'arôme Noyeau.

QUE FAIRE AVEC LES FERRAILLES ET LES CRIBLAGES.

Il est nécessaire de savoir comment utiliser les restes, les tamis, les bonbons gâtés et autrement invendables des biens. Les gens qui fabriquent de la confiture ou de la ré-glisse savent bien sûr quoi en faire; mais les petits fabricants accumulent souvent beaucoup de déchets, ce qui semble toujours gênant. Ceci doit être évité autant que possible, non seulement pour des raisons d'économie, mais pour le bon ordre et l'aspect général de l'atelier. Gardez les restes d'acide séparés des autres; avoir deux casseroles (la faïence fera l'affaire) et se faire une règle, lors du balayage des assiettes, de jeter les restes d'acide dans une casserole et les autres dans la deuxième casse-role; gardez-les bien recouverts d'eau et, comme le sirop devient alors trop épais, ajoutez plus d'eau afin que les restes puissent se dissoudre. Lorsque vous faites des produits sombres tels que des bonbons contre la toux, des pastilles contre la toux, des bonbons à la noix de coco, des mâchoires de bâton, etc., utilisez une proportion de ce sirop dans chaque ébullition, en le trempant avec une louche. En règle générale, un ouvrier prudent utilisait ses restes chaque jour. Certains utilisent les restes de machine en les mettant dans l'ébullition suivante lorsque le sucre est sur la plaque. L'expérience de l'écrivain est que cette méthode est répréhensible, car elle provoque non seulement une ébullition trouble, mais très souvent la granule. Faites fondre les restes d'acide dans de l'eau suffisamment pour former un sirop fin; mettez du merlan, de la craie en poudre ou de la chaux; mettre la casserole sur le feu et remuer jusqu'à ébullition entière; voir que tous les déchets sont dissous; retirer la casserole et laisser reposer pendant une heure, puis passer à travers la flanelle. Utilisez ce sirop de la même manière que l'autre pour fabriquer des biens communs. Faites fondre les restes d'acide dans de l'eau suffisamment pour former un sirop fin; mettez du merlan, de la craie en poudre ou de la chaux; mettre la casserole sur le feu et remuer jusqu'à ébullition entière; voir que tous les déchets sont dissous; retirer la casserole et laisser reposer pendant une heure, puis passer à travers la flanelle. Utilisez ce sirop de la même manière que l'autre pour fabriquer des biens communs. Faites fondre les restes d'acide dans de l'eau suffisamment pour former un sirop fin; mettez du merlan, de la craie en poudre ou de la chaux; mettre la casserole sur le feu et remuer jusqu'à ébullition entière; voir que tous les déchets sont dissous; retirer la casserole et laisser reposer pendant une heure, puis passer à travers la flanelle. Utilisez ce sirop de la même manière que l'autre pour fabriquer des biens communs.

CRÈME POUR CRÈMES OU BARRES AU CHOCOLAT.

10 livres Sucre blanc.
3 pintes d'eau.
2½ livres Glucose.

PROCESSUS.- Mettre le sucre, le glucose et l'eau dans une casserole propre et faire bouillir de la manière habituelle jusqu'à ce que le lot atteigne le degré de plume 245; (garder les côtés de la casserole exempts de sucre); verser sur une assiette de versement humide et laisser reposer jusqu'à ce qu'il soit presque froid; puis avec un long couteau à palette, commencez à frotter le sucre contre l'assiette et travaillez-le jusqu'à ce qu'il passe d'un sirop clair à une substance crémeuse blanche comme neige; puis pétrissez-le à la main jusqu'à obtention d'une douceur uniforme et qu'il ne reste plus de grumeaux dans la masse; il est maintenant prêt à l'emploi et peut être conservé couvert dans des bocaux en grès jusqu'à ce qu'il soit nécessaire à diverses fins. En hiver, le sucre n'a pas besoin d'être bouilli si haut; par temps chaud, un peu plus haut. Lors de l'emballage de la crème dans des bocaux, il est préférable de garder le dessus humide en l'étendant sur un chiffon humide avant de mettre le bouchon. Voyant que la crème se conserve si bien, bien sûr, il est économique de faire des lots beaucoup plus importants à la fois. Cela peut être facilement arrangé en multipliant les proportions en fonction de la taille de la casserole et de la commodité. Ces proportions sont indicatives, mais l'écrivain ne sait pas d'absolu doit être ceci ou cela, bien qu'il ait fabriqué autant de crèmes que la plupart des gens et avec autant de succès. Il a vu aussi beau un échantillon fabriqué dans le même atelier lorsque l'ébullition était un peu différente. Cependant, en soumettant sa propre formule, il peut être tenu pour acquis qu'il n'est pas à un mille de la cible. Il a vu aussi beau un échantillon fabriqué dans le même atelier lorsque l'ébullition était un peu différente. Cependant, en soumettant sa propre formule, il peut être tenu pour acquis qu'il n'est pas à un mille de la cible. Il a vu aussi beau un échantillon fabriqué dans le même atelier lorsque l'ébullition était un peu différente. Cependant, en soumettant sa propre formule, il peut être tenu pour acquis qu'il n'est pas à un mille de la cible.

Fig. 17.

Fondoir ou réchaud à chocolat.

Taille n ° 1, 12½ × 14 × 6, prix   2 00 $
Taille n ° 2, 14¼ × 16½ × 6, "   2 25

Fabriqué à partir de la meilleure qualité de fer-blanc.

BUNS ET GÂTEAUX À LA CRÈME AU CHOCOLAT.

10 livres Sucre.
2½ livres Glucose.
3 pintes d'eau.
½ oz. Essence de vanille.

PROCESSUS. - Faire bouillir le sucre, le glucose et l'eau de la manière ordinaire jusqu'à la forte plume 245, puis verser sur une plaque humide, laisser reposer jusqu'à ce qu'elle soit presque froide, ajouter la saveur, et avec un couteau à palette, faire bouillir jusqu'à ce qu'elle soit blanche et crémeuse; façonner avec les mains ou presser dans des moules en étain; placez-le dans un endroit chaud pour durcir un peu à l'extérieur. Faire fondre de la pâte de chocolat et recouvrir les marchandises en douceur, à l'aide d'un couteau ou d'une brosse; à sec, les glacer en les appliquant au pinceau sur une solution de gomme laque dissoute dans de l'alcool.

NB - Dans cette recette, le sucre est bouilli plus que la "Crème pour crème au chocolat", car les produits sont si gros que la crème molle ne garderait pas sa forme. Pour faire fondre du chocolat pur, mettez-le simplement dans une boîte avec un morceau de saindoux ou de beurre de cacao, placez-le près du feu, remuez-le de temps en temps; il se dissoudra bientôt; n'utilisez pas d'eau ou il se réduira en poudre et sera gâté.

TAFFY   PANS.
Par douzaine, 1,25 $, 1,50 $, 1,75 $, 2 $.

PANS   PIVOTANTS.
Nous fabriquons toutes les tailles sur commande.

PLATEAUX   DE   CRISTALISATION   ET   PLATEAUX   DE   FIL.
Qualité   supplémentaire.
14 × 10 × 2½, complet 5,50 $.

LADLE À BONBONS EN CUIVRE.

N ° 1,   Prix,
fig.7,   1,50 $.

Fig. 7.

Fig. 8.

BARRES CRÈME AU CHOCOLAT N ° 1.

10 livres Sucre blanc.
2½ livres Glucose.
Chocolat fondu.
3 pintes d'eau.
Saveur de vanille.

PROCESSUS. —Préparez la crème comme indiqué dans Crème pour crème au chocolat ou utilisez une partie de cette crème. Ayez des boîtes avec des bords d'un pouce et demi de profondeur; graissez du papier et placez-le soigneusement sur les côtés et le fond. Faire fondre une partie de la crème à feu doux; aromatiser à la vanille dès que la crème est suffisamment fondue; retirer la casserole et verser le contenu dans les boîtes pour former une feuille d'environ un pouce d'épaisseur ou moins. Lorsqu'il est réglé soigneusement vide, afin de ne pas casser le gâteau; avoir du chocolat fondu et avec une brosse douce enduire la crème des deux côtés; posez-les sur des fils jusqu'à ce qu'ils soient froids et durcis; couper en barres de la taille requise. Le couteau pour couper les barres de crème doit être bon, avec une lame fine et polie avec un bon tranchant. Un vieil objet usé casse la crème et la rend irrégulière.

CUIVRE CANDY DROP LADLE.

N ° 2, fig.8, prix, 2,25 $.

Compte-gouttes de menthe.

Fabriqué à partir de cuivre.

Non. 1 Compte-gouttes, 1 Lèvre, 2 25 $.
"   2 "   2 "   3 25.
"   3 "   3 "   3 75.

BARRES À CRÈME CHOCOLAT NO. 2.

10 livres Sucre blanc.
2½ livres Glucose.
Chocolat fondu.
3 pintes d'eau.
½ oz. Essence de vanille.

PROCESSUS. —Préparez les boîtes en les tapissant de papier graissé, en les ajustant en douceur; faites fondre de la pâte de chocolat sucré et versez-la environ un quart de pouce d'épaisseur au fond des boîtes; une fois pris, préparez de la crème comme indiqué pour "Crème pour crème au chocolat" ou utilisez [Pg 96]une partie de cette crème, en la faisant fondre à feu lent (ne la laissez pas bouillir); incorporer l'extrait de vanille et verser le mélange dans des boîtes d'environ un pouce de profondeur: une fois pris, enrober de chocolat sucré fondu; quand ce lot est froid et assez ferme, découpez-le en barres avec un couteau bien aiguisé.

BACS À LOT.

Fabriqué en cuivre lourd avec jante en tôle de fer pour leur permettre de prendre dans le four.

N ° 1, diam. aux jantes 12 pouces, bas 11 pouces, 7 50 $.

No 2, diam. aux jantes 13 pouces, bas 12 pouces, 8 50 $.

GOUTTES DE CHOCOLAT, NATURE.

Réchauffez du chocolat sucré; quand il est juste assez chauffé pour être pliable, pincez de petits morceaux, roulez-les dans les mains à la taille d'une petite bille; placez-les en rangées sur des feuilles de papier blanc, chaque rangée à environ un pouce d'intervalle; lorsque la feuille est recouverte, prenez-la par les coins et soulevez-la de haut en bas, en la laissant toucher la dalle à chaque fois; cela aplatira les boules en forme de goutte; ils devraient avoir à peu près la taille d'une pièce de dix cents sur le fond; lorsqu'ils sont froids, ils glisseront sans problème du papier.

PANS JOUET (ou sucre tourné).

Fait de cuivre.

Non. 1, ½ Gallon, 3 00 $
"   2, 1   "   4 00
"   3, 1½ "   5 00

GOUTTES DE CHOCOLAT (NONPAREIL.)

Traitez exactement comme pour les gouttes simples. Lorsque les gouttes ont été aplaties, recouvrez entièrement les feuilles de papier de nonpareil blanc (centaines et milliers); lorsque les gouttes sont sèches, secouez les surplus.

CRÈMES AU CHOCOLAT.

Faites fondre de la crème (voir "Crème pour crème au chocolat") à l'aide du coureur et remplissez les moules; dans une heure, la crème sera suffisamment durcie pour être sortie des moules; ils sont alors prêts pour le revêtement. Réchauffez de la pâte de chocolat sucrée jusqu'à ce qu'elle soit fondue, puis déposez les crèmes dans le chocolat fondu, deux ou trois à la fois; soulevez-les avec une longue fourchette et placez-les sur du papier glacé ou des feuilles d'étain pour les sécher; mettez-les dans un endroit frais pour durcir; emballer soigneusement dans des boîtes tapissées de papier de manière à ce qu'elles se touchent à peine; s'ils sont emballés à peu près comme la plupart des autres bonbons, ils deviennent tachetés et rugueux, gâchant complètement l'apparence.

Les moules en caoutchouc sont maintenant largement utilisés pour fabriquer ces produits; étant beaucoup plus propre et beaucoup plus facile à utiliser que les moules en amidon, et pour les nouveaux débutants, ils sont bien meilleurs que l'amidon. Ces moules doivent maintenant être achetés beaucoup moins chers qu'il y a quelques années, le prix étant maintenant d'environ 1,40 $ la livre. Ces moules pèsent environ deux livres chacun et contiennent quatre-vingt-dix gouttes de chocolat et peuvent être remplis toutes les demi-heures. Nous conseillons fortement l'achat de caoutchouc moules, car outre le gain de temps, ni les panneaux d'amidon, ni l'amidon, ni les moules en plâtre ni les soufflets ne sont nécessaires. Fletcher Manfg Co., propose une gamme complète de moules pour chocolats et crèmes.

CHOCOLAT POUR PLONGER.

Ce mélange est si souvent requis par les pâtissiers à tant de fins qu'une bonne recette générale ne sera pas déplacée. Si les instructions sont suivies et un peu de discrétion utilisé avec les couleurs, un léger enrobage de chocolat brillant en sera le résultat.

1 lb de chocolat pur.
3 onces Cire blanche.
Couleur marron chocolat.
Cochenille.

PROCESSUS. —Mettez le chocolat dans une casserole; se tenir debout sur la plaque du four ou près d'un feu; briser la cire en petits morceaux et remuer jusqu'à ce que tout soit fondu; puis ajoutez la couleur brune, avec un peu de cochenille liquide, en remuant le tout jusqu'à ce que le tout soit bien mélangé; il est alors prêt à être utilisé. Pour les biens communs bon marché, plus de cire peut être utilisée. Lorsque vous mélangez la couleur, essayez un peu sur un morceau de papier blanc jusqu'à ce que vous soyez satisfait du mélange.

BARRES GELATINE COCOANUT (JAUNE).

8 livres Sucre blanc.
6 livres Glucose.
2½ livres Gélatine.
3 livres Coco en tranches.
1 once Acide tartrique.
3 pintes d'eau.

Couleur safran.

Saveur de citron.

PROCESSUS. - Faire tremper la gélatine dans de l'eau froide pendant douze heures, faire bouillir le sucre, le glucose et l'eau jusqu'à balle raide, 255; retirer la casserole du feu; incorporer la gélatine jusqu'à dissolution; laissez reposer quelques minutes et retirez l'écume du dessus, puis ajoutez l'acide, l'arôme et la noix de coco; remuer doucement le tout jusqu'à ce que le tout soit bien mélangé; teinte d'un jaune vif avec du safran; verser dans des moules huilés, en faisant la feuille de ½ pouce d'épaisseur; une fois réglé, découpez en bâtonnets pour en vendre deux ou quatre pour un centime.

NB - Cette ébullition peut être divisée en deux lots, une moitié rouge et aromatisée, framboise, ou une seconde ébullition peut être faite précisément comme celle-ci en modifiant la couleur et la saveur uniquement.

MOULES À BONBONS EN CAOUTCHOUC BREVETÉ

Nouveaux modèles.

Le meilleur procédé au monde pour fabriquer des bon-bons moulés ou des crèmes françaises et du travail granulé consiste à utiliser des moules à bonbons en caoutchouc breveté. Ils remplaceront entièrement l'utilisation de l'amidon comme moule pour fabriquer ces bonbons pour les raisons suivantes.

I. - Non seulement tous les motifs actuellement réalisés dans l'amidon peuvent être reproduits dans ces moules, mais aussi une grande variété d'autres avec une perfection inconnue auparavant, et qu'il serait impossible d'utiliser dans l'amidon.

II. — On produit des marchandises de bien meilleure qualité, dans la mesure où les bonbons présentent un motif aussi parfait que les moules eux-mêmes.

III. — Une économie d'au moins 33 pour cent est réalisée sur le travail.

IV. — Aucun carton ni amidon n'est requis, par conséquent le remplissage, l'impression, le tamisage et le soufflage sont supprimés - six dépenses.

V. - Les moules facilitent spécialement la confection de la crème de noix, de la crème d'amande et des gelées de crème et autres combinaisons, car les noix, etc., peuvent être pressées sur le bonbon dès qu'il a été versé dans les moules. Cela ne peut pas être fait avec des moules en amidon, car toute pression sur ceux-ci détruira le motif.

VI. — La coulée dans des moules en amidon exige une expérience et une compétence considérables pour bien fonctionner, tandis que tout ouvrier peut réaliser le travail le plus parfait avec les moules en caoutchouc, sans aucune expérience préalable dans ce travail.

VII. — Un gain de place est réalisé, car une chambre d'amidon n'est pas nécessaire et la capacité des moules en caoutchouc est tellement supérieure à celle des panneaux d'amidon de taille égale qu'un nombre comparativement moindre de moules est nécessaire pour produire une quantité égale de marchandises .

VIII. — Pas d'amidon utilisé, la boutique restera beaucoup plus propre.

Ces moules sont faits de pur caoutchouc Para et dureront, avec une utilisation appropriée, de douze à quinze ans, à en juger par ceux qui sont en usage depuis quatre ans.

Une objection qui se suggère naturellement à une personne qui n'a jamais essayé ces moules, est que les bonbons pourraient éventuellement avoir un goût du caoutchouc. Ce n'est cependant pas le cas.

PAS LE PLUS LÉGÈRE GOÛT DU CAOUTCHOUC

est perceptible. Aucun de nos nombreux clients, que ce soit dans cette ville ou dans tout le pays, n'a déposé une seule plainte. Cela prouve qu'il n'y a absolument aucune différence entre les bonbons fabriqués dans des moules en caoutchouc et les bonbons fabriqués dans des moules en amidon.

La demande pour ces moules augmente chaque année.

ECRIRE POUR LES PRIX ET LES DONNEES.

La crème à couler dans ces moules doit être cuite un degré plus bas que d'habitude pour l'amidon.

Cristal ½ degré plus bas que d'habitude pour l'amidon.

Avant d'utiliser New Molds pour la première fois, faites tremper pendant une demi-heure dans du bicarbonate de soude et de l'eau.

MARCHANDISES EN JELLY PAS CHER.

14 livres Sucre blanc.
12 livres Glucose.
3 livres Gélatine.

Saveur.

2 oz. Acide tartrique.

2 pintes d'eau.

Couleur.

PROCESSUS. - Faire tremper la gélatine dans l'eau froide pendant douze heures; porter à ébullition le sucre et l'eau, puis ajoutez le glucose et continuez à bouillir jusqu'à ce qu'il atteigne le degré de boule rigide; retirer la casserole du feu et incorporer la gélatine et l'acide jusqu'à dissolution; couleur et saveur à la fantaisie; retirez l'écume et mettez le lot dans des boîtes. Mettez les produits de côté pendant douze heures, puis coupez-les en jubes et cristallisez avec du sucre en poudre fin. C'est une ligne bon marché; il n'y a pas beaucoup de corps en eux, mais ils se vendent à un prix et donnent satisfaction.

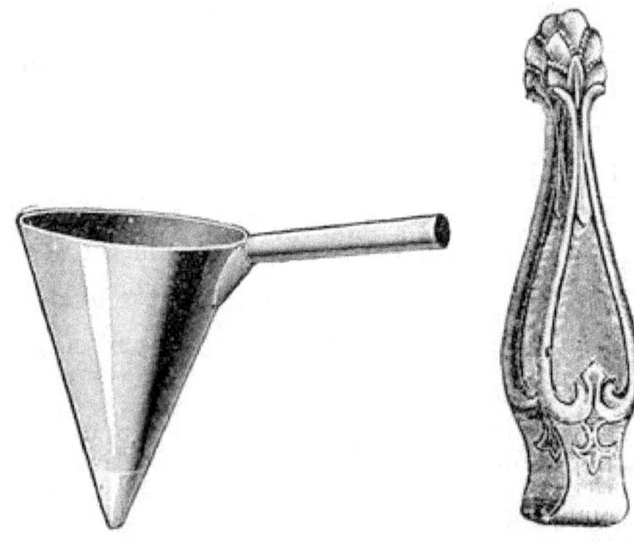

Compte-gouttes en entonnoir. Pinces à bonbons.

	Étain.	Cuivre.		Étain par mille, 4,00 $
Non. 0	40	75	Laiton "	5,50
" 1	60	1,25	Argenté "	7,00
" 2	90	1,50		

JELLY FANCIES.

12 livres Sucre.

7 livres Glucose.

3 pintes d'eau.

3 livres Gélatine.

2 oz. Acide tartrique.

PROCESSUS. - Faire tremper la gélatine dans de l'eau froide pendant douze heures. Faire bouillir le sucre, le glucose et l'eau de la manière habituelle au degré de boule; retirer la casserole du feu et incorporer progressivement la gélatine jusqu'à dissolution; laissez reposer quelques minutes; enlever l'écume au fur et à mesure qu'elle monte, puis diviser l'ébullition, si nécessaire en plus d'un, colorer et aromatiser chaque portion à la fantaisie, puis faire bouillir dans les moules; une fois mis, mettez-les sur une dalle propre, saupoudrez-les d'eau froide et roulez-les jusqu'à ce qu'ils soient tous humides, puis couvrez-les de sucre cristallisé fin et mélangez-les jusqu'à ce qu'ils soient cristallisés partout, et étalez-les sur des plateaux pour qu'ils sèchent.

Les différentes recettes déjà données donneront au lecteur une idée générale de la fabrication des produits en gélatine. En utilisant différentes couleurs, saveurs et formes, une variété infinie peut être produite. Il ne servirait à rien de multiplier encore ces formules pour les petits produits.

JAM ROLEY POLEY.

10 livres Sucre blanc.
5 livres Glucose.
2 livres de gélatine.
Couleur carmin.
1 lb de confiture de framboises.
1 lb de noix de coco desséchée.
3 pintes d'eau.

PROCESSUS. - Faire tremper la gélatine dans l'eau froide pendant douze heures; faire bouillir le sucre, le glucose et l'eau brusquement en boule ferme; retirer la casserole du feu, incorporer la gélatine, mettre de côté jusqu'à ce que l'écume monte et l'écrémer; divisez l'ébullition en deux portions (mélangez 1 oz d'acide tartrique, 1 oz de carbonate de soude et 2 oz de sucre à glacer); déposer cette poudre et la noix de coco séchée dans la moitié de l'ébullition et remuer vivement jusqu'à ce que le tout se lève dans une mousse blanche, puis couler en boîtes, sur une feuille d'environ ¼ [Pg 103]Un pouce d'épaisseur; prenez maintenant l'autre moitié, de couleur rouge vif, en ajoutant la confiture de framboises; remuer jusqu'à ce que bien mélangé et passer ceci sur le dessus de la feuille blanche à peu près de la même épaisseur; lorsqu'il est froid et dur, sortez les feuilles et faites un rouleau de chacune.

NB - Laisser refroidir la partie rouge lorsqu'elle est passée sur le blanc, car le blanc étant plus clair viendra vers le haut s'il est dérangé par le mélange trop chaud.

Gelées de framboises.

9 livres Sucre blanc.
6 livres Glucose.
2 livres. Gelée de pomme.
2¼ livres. Gélatine.
3 pintes d'eau.
2 oz. Acide tartrique.
½ oz. Essence de framboise.
Couleur carmin.

PROCESSUS. - Faire tremper la gélatine comme d'habitude; faire bouillir le sucre, le glucose et l'eau en une boule ferme; retirer la casserole du feu; incorporer la gélatine et laisser reposer jusqu'à ce que l'écume monte; écumez-le, puis ajoutez de la gelée, de l'acide et de la saveur et suffisamment de couleur pour faire un rouge vif: moulez maintenant le lot en formes de framboise et mettez-les dans un endroit froid. Une fois durcis, mettez les produits en fines couches dans une boîte à cristaux et recouvrez-les de sirop froid. Laissez-les reposer pendant douze heures, puis égouttez tout le surplus de sirop et retournez les framboises sur des plateaux propres; une fois sec, emballer.

NB - Lorsque vous mettez des produits en gelée dans des boîtes, veillez à ce que les couches ne soient pas épaisses, car elles sont si proches que le sirop ne peut pas entrer entre elles. Un bon plan est d'avoir des plateaux métalliques et de fixer trois ou quatre lâchement dans chacun l'étain, prenant leurs repères sur les extrémités de l'étain cristallisant. Par ce moyen, vous obtiendrez plus dans une boîte avec un meilleur résultat. Faire bouillir le sirop dans la proportion de six livres de meilleur sucre blanc pour chaque litre d'eau, au degré de douceur 215. Il doit être assez froid lorsqu'il est utilisé pour le travail de la gélatine ou les marchandises sortiront des boîtes dans un bloc solide.

GELÉES DE COURANT NOIR.

9 livres Sucre blanc.
6 livres Glucose.
2¼ livres. Gélatine.
Coloration violette.

3 pintes d'eau.

2 oz. Acide tartrique.

2 livres. Gelée de cassis.

PROCESSUS.- Faire tremper la gélatine comme d'habitude, lisser et modeler les formes de fondant. Faire bouillir le sucre, le glucose et l'eau, comme déjà indiqué, en une boule raide; retirer la casserole du feu, y déposer la gélatine, quelques morceaux à la fois, remuer jusqu'à dissolution. Laissez-le rester un peu de temps jusqu'à ce que l'écume monte; écumez-le, puis incorporez l'acide tartrique, la gelée et suffisamment de colorant pour donner au mélange une couleur vive, puis modelez le lot. Lorsque les marchandises sont fermement fixées, placez-les en couches sur des cadres en fil de fer adaptés à la cristallisation du plateau; disposer les cadres dans les boîtes et recouvrir de sirop froid; laissez-les reposer pendant douze ou quatorze heures sans être dérangés, puis égouttez le surplus de sirop; sortez-les soigneusement des boîtes, emballez-les sur des plateaux propres; une fois secs, ils sont prêts pour la boxe. Ces marchandises doivent être manipulées avec douceur; ils sont très délicats et facilement écrasés.

Réchaud Daisy Peanut.

Le chauffe-arachide le plus complet du marché.

Les noix sont maintenues au chaud par une chemise d'eau qui entoure la casserole et sont chauffécs par un poêle à gaz ou à mazout comme vous le souhaitez, avec un sifflet à vapeur qui attire l'attention.

Fortement fait et joliment décoré et lettré.

Prix complet avec cuisinière à gaz ou à mazout, fob Toronto, 10 00 $.

Taille, 29 po de haut, 18 po de large, 12 po de profondeur.

Indiquez lors de la commande s'il s'agit d'un poêle à mazout ou à gaz.

Gelées d'ananas.

8 livres Sucre blanc.
8 livres Glucose.
2¼ livres. Gélatine.
Saveur d'ananas.
3 onces Acide tartrique.
3 pintes d'eau.
Couleur safran.

PROCESSUS. - Faire tremper la gélatine dans suffisamment d'eau froide pour la recouvrir. Faire bouillir le sucre, le glucose et l'eau comme d'habitude en boule raide et retirer la casserole du feu; incorporer la gélatine, attendre que l'écume se lève et la retirer; puis ajoutez l'acide, la saveur et suffisamment de couleur pour obtenir un jaune vif; verser le mélange dans des moules à ananas; gardez-les dans un endroit froid jusqu'à ce qu'ils soient pris; emballez-les en couches dans des cadres métalliques; mettez-les dans les boîtes à cristaux et couvrez de sirop froid; rester à l'écart là où ils ne seront pas secoués ou dérangés pendant douze ou quatorze heures; puis prélever le surplus de sirop et les mettre dans des plateaux propres pour sécher. Pour aromatiser ces produits, utilisez l'ananas doucement, seulement quelques gouttes, trop les gâte.

Rôtissoire aux arachides "Daisy".

Fig. 213 a.   **Prix, 5 00 $**

Nous faisons cela pour s'adapter aux cuisinières ordinaires
si elles sont commandées au même prix.

Ce torréfacteur convient à votre four Candy.

Réchauffeur d'arachide à air sec "UNCLE SAM" de Fletcher.

Façade en verre japonais et ornementé.

Taille — 1 pied 7 pouces × 1 pied 5 pouces, 1 pied 10 pouces de hauteur.

Prix complet 6 50 $

Torréfacteur et réchaud Kingery's Perfection Steam Power

.

Taille et style de machine que nous avons en stock marqués ainsi *

			Avec Steam Whistle.
1	Taille de pic, plus chaud en étain	100 00 $	104 00 $
*1	Taille de pic, plus chaud en cuivre	108 00	112 00
2	Taille de pic, plus chaud en étain	115 00	119 00
2	Taille de pic, plus chaud en cuivre	124 00	128 00
1	Taille de boisseau, chauffe-étain	135 00	139 00
1	Taille du boisseau, plus chaud en cuivre	148 00	152 00

MEILLEURE FAÇON DE CRISTALISER LES PRODUITS DE GOMME.

13 livres Meilleur sucre blanc.
2 litres d'eau.

PROCESSUS. —Faire nettoyer les marchandises et les mettre dans des boîtes de cristallisation; porter à ébullition la quantité de sucre et d'eau ci-dessus et réserver jusqu'à ce que le lait soit chaud; puis versez-le doucement sur les marchandises jusqu'à ce qu'ils soient couverts; puis glissez les mains au milieu de la marchandise, et avec les doigts, soulagez simplement ce volume pour que le sirop s'écoule librement entre eux; retirer les mains soigneusement et couvrez l'étain; ne le dérangez plus pendant les douze prochaines heures, lorsque la marchandise sera prête à s'égoutter et à sécher. Pour un homme expérimenté, cette méthode peut sembler un peu dangereuse et susceptible de gâcher le cristal; mais il ne le fera pas si cela est fait avec soin. Bien entendu, il est entendu que les marchandises ne doivent pas être grossièrement remuées, mais simplement détendues.

Arômes concentrés de fleurs et d'essences pour pâtissiers.

SPÉCIALEMENT ADAPTÉ POUR UN TRAVAIL DES PLUS FINS.

Essence Marasquin.

" Pistache.

" Ratafia.

" Lilly de la vallée.

" Délicat.

" Rose française.

" Ylang Ylang.

" Patchouli.

" Tubéreuse.

" Œillet.

" Héliotrope.

" Pommetier.

" Jasmin.

" Millifleurs.

" Jacinthe.

" Cachou.

" Bon-Tons.

" Mirabells.

" Sweet Briar.

" Fleur de sauterelle.

" Fleurs de lilas.

" Fleur de Raisin.

" Fleur de pommier.

"   Violet (vrai).

"   Bois de violette.

"   Fleur d'oranger.

"   Hawthorne.

"   Olive sauvage.

"   Musc.

Extraits aromatisants.

Extrait   Groseille.

"   Jamaica Ginger.

"   Groseille à maquereau.

"   Grain de raisin.

"   Citron.

"   Hydromel.

"   Nectar.

"   Orris.

"   Cannelle.

"   Coing.

"   Rose.

"   Fraise.

"   Anisette.

"   Pomme.

"   Abricot.

"   Banane.

"   Amandes amères.

"   La mûre.

"   Catawba.

"   Cerise.

"   Prune.

"   Framboise.

"   Salsepareille.

"   Wintergreen.